MINERVA
はじめて学ぶ
子どもの福祉
11

倉石哲也/伊藤嘉余子
[監修]

保育
ソーシャルワーク

倉石哲也/鶴 宏史
[編著]

ミネルヴァ書房

監修者のことば

　本シリーズは、保育者を志す人たちが子どもの福祉を学ぶときにはじめて手に取ることを想定したテキストです。保育やその関連領域に関わる新進気鋭の研究者や実践者の参画を得て、このテキストはつくられました。

　保育をめぐる現在の情勢はまさに激動期です。2015年4月に「子ども・子育て支援新制度」がスタートし、保育所と幼稚園の両方の機能をもつ幼保連携型認定こども園が創設されました。養成校では、それに対応した保育士資格と幼稚園教諭免許の取得が必須となる「保育教諭」の養成が本格化しています。今後ますます、幼保連携が進められると、すべての保育者に子どもの福祉に関する知識が必要となるでしょう。

　また、近年では児童虐待をはじめとした、養育環境に課題を抱える子どもと保護者への対応が複雑かつ多様化しています。今春施行された「保育所保育指針」には、新たに「子育て支援」という章が設けられました。これからの保育者は、保護者の子育てを支援するために、子どもを育てる保護者や家族が直面しやすいニーズについて理解するとともに、相談援助に必要な姿勢や視点、知識やスキル等を身につけていくことがさらに求められます。

　このテキストにおいては、上記で述べたようなこれからの保育に対応するために必要な知識や制度についてやさしく、わかりやすく解説しています。また、テキストを読んだあとで、さらに学習を進めたい人のための参考図書も掲載しています。

　みなさんが卒業し、実際に保育者になってからも、迷いがあったときや学びの振り返りとして、このテキストを手元において読まれることを期待しています。

2019年1月

倉石　哲也
伊藤嘉余子

はじめに

　保育ソーシャルワークは、保育実践の新しい一分野になりつつあります。一方でこの領域は、保育所等の児童福祉施設でこれまでも取り組まれていた実践方法でもあります。

　保育ソーシャルワークを一言で表現するなら、「子どもとその家庭の困難を、多くの支援を結び付けることによって解決へ導こうとする活動」となるでしょう。

　近年保育所では、不適切な養育（マルトリートメント）や虐待などで苦しむ家庭への支援が求められています。障害など、育ちに課題をもつ子どもとその家庭への支援も期待されています。そのほかにも生活困窮（貧困）や親自身が疾患を抱えながら育児を行っているなど、複合的な困難を抱える家庭への支援も求められています。これらの困難は、保育所のみで行う子育て支援や相談援助では解決が難しいといわざるを得ません。必然的にほかの専門機関と連携しながら解決の道筋をつくる作業が必要となります。

　本書は第1章～第3章に分かれており、15のレッスンに分類されています。第1章は保育ソーシャルワークの考え方、第2章は方法、そして第3章は事例を多く紹介する構成になっています。保育ソーシャルワークには3つの構造があります（第2章レッスン5～7）。第一はミクロレベルです。子育て家庭に直接的に援助するだけでなく、その家庭を取り巻く生活環境にも同時に働きかけます。生活環境とは地域の住民の支えであり、専門機関・専門職の関わりを指します。支援の環境が変化することで、子育て家庭と支援者の相互交流が高まり問題解決が促されるという考え方です。第二はメゾレベルです。これは支援者同士のお互いの理解が深まり、連携や協働の支援の質が高まって問題解決に向かうという考え方です。第三はマクロレベルです。生活困窮やひとり親家庭などへの社会の理解はすすんでいますが、彼らを取り巻く制度や支援は十分とはいえません。親の困難は世代を超えて子どもに受け継がれる可能性があります。保育ソーシャルワークには、子育て家庭の不利益を本人らに代わって社会に代弁し、サービスの質や量、制度そのものを良いものに変えていこうとするマクロレベルの働きがあります。

　保育ソーシャルワークを実践するのは誰なのか、という議論は当初からなされているところです。保育所長、主任といった保育所職員なのか、それとも地域担当保育士、家庭支援保育士のような行政（園外）の支援になるのか、ということです。明確な結論は出ていませんが、保育所保育のみでは支援が困難な家庭が増えるにつれて、今後保育ソーシャルワークの考え方や技能が求められるようになることは明らかでしょう。本書をとおして保育ソーシャルワークの学びが深まることを期待します。

2019年1月

編者者を代表して　倉石　哲也

目次

はじめに

第1章　保育ソーシャルワークの考え方

レッスン1	保育とソーシャルワーク ……………………………………… 2
	① 子ども・家庭・地域の変容…2　② ソーシャルワークとは何か…8
レッスン2	保育ソーシャルワークとは何か ………………………………… 15
	① 保育ソーシャルワークの定義…15　② 保育ソーシャルワークの目的…15
③ 保育ソーシャルワークの沿革…18　④ 保育ソーシャルワークの対象…19
⑤ 保育ソーシャルワークの原理…20　⑥ 保育ソーシャルワークの機能…23
レッスン3	保育ソーシャルワークの価値と倫理 ………………………… 26
	① 専門職の価値と倫理とは…26　② 保育士の専門職としての価値…27
③ 保育士の専門職倫理…28　④ 専門職倫理と倫理的ジレンマ…32
レッスン4	保育ソーシャルワークの視点 ………………………………… 35
	① 生活の全体性をとらえる視点…35　② 子ども・家庭の強さをとらえる視点…38

●コラム　ストレングス・モデルの第一歩は「いいところ探し」…45

第2章　保育ソーシャルワークの方法

レッスン5	保育ソーシャルワークの方法（1） ……………………………… 48
	① ミクロレベルでの保育ソーシャルワークの方法…48　② 保育ソーシャルワークの構成要素…50　③ 子ども・保護者に関わる際に保育者・支援者が留意すべき点…51　④ 保育ソーシャルワークの展開過程…53　⑤ 支援におけるほかの機関・施設との連携…55
レッスン6	保育ソーシャルワークの方法（2） ……………………………… 57
	① メゾレベルでの保育ソーシャルワークの方法…57　② 保育ソーシャルワークのメゾレベルの専門性…60　③ 子育て支援事業での役割…63　④ 事例からみるメゾレベルの援助…68
レッスン7	保育ソーシャルワークの方法（3） ……………………………… 72
	① マクロレベルと保育ソーシャルワークの方法…72　②「保育所保育指針」における子育て支援…73　③ 保育所と地域施設との関係…77　④ マクロレベルにおいて保育士に求められる役割…85
レッスン8	保育ソーシャルワークの技術（1） ……………………………… 87
	① 保育ソーシャルワークの面接技術を学ぶ前に…87　② 保護者を受容する環境設定と支援者の姿勢…89　③ 保育ソーシャルワークに必要なコミュニケーションスキル…91　④ 保護者自身が変わるきっかけをつくる…95　⑤ 保護者に寄り添う支援にむけて…98

レッスン 9	保育ソーシャルワークの技術（2）·· 100
	① 保育ソーシャルワークにおけるグループの活用…100　② グループワークの基本的な理解…103
レッスン 10	保育ソーシャルワークの技術（3）·· 112
	① 保育におけるコミュニティワークの理解にむけて…112　② 保育ソーシャルワークでのコミュニティワークの展開…114　③ 保育ソーシャルワークでのコミュニティワークの実施主体…119

●コラム　保育所と小学校との連携…123

第3章　保育ソーシャルワークの実際

レッスン 11	保育ソーシャルワークのすすめ方（展開過程）···················· 126
	① ソーシャルワークの展開過程…126　② 保育領域における展開過程…132　③ 保育領域における展開過程の特徴とポイント・留意点…137
レッスン 12	保育ソーシャルワークの実践事例（1）································ 141
	① 事例をとおして学ぶこと…141　② 発達障害の疑いのある子どもの事例…141　③ 虐待の疑いのある幼児の事例…147
レッスン 13	保育ソーシャルワークの実践事例（2）································ 153
	① 2つの方法で学ぶ事例研究…153　② 児童養護施設：措置変更による入所児童への支援の事例…153　③ 乳児院における個別援助技術の展開…159
レッスン 14	保育ソーシャルワークの実践事例（3）································ 166
	① 児童発達支援センターにおける障害のある子どもへの実践事例とは…166　② 中度の知的障害があるAくんの事例…166　③ 自閉症スペクトラム障害のBくんの事例…172
レッスン 15	スーパービジョン·· 182
	① スーパービジョンの必要性…182　② スーパービジョンの理論…182　③ 保育におけるスーパービジョン：事例をとおして…184

●コラム　保護者が保育者に相談するための条件…192

演習課題の解答例…193

さくいん…196

第1章

保育ソーシャルワークの考え方

本章では、保育ソーシャルワークの基本的な考え方について学びます。保育とソーシャルワークにはどのような関係があるのでしょうか。なぜ保育士に社会福祉の視点が求められるのでしょう。保育士が保護者や家庭を支援するにあたって、どのような態度が求められるのでしょうか。理解していきましょう。

レッスン1　保育とソーシャルワーク

レッスン2　保育ソーシャルワークとは何か

レッスン3　保育ソーシャルワークの価値と倫理

レッスン4　保育ソーシャルワークの視点

レッスン 1

保育とソーシャルワーク

このレッスンでは、保育とソーシャルワークの関係について学びます。近年、保育所等では、子どもの保育に加えて保護者や家庭への支援が求められるようになっていますが、その際にはソーシャルワークの視点が不可欠です。子どもと保護者への支援の手がかりとして、保育とソーシャルワークについて学びましょう。

1. 子ども・家庭・地域の変容

1 現代社会にみる子どもの姿の変容

時代によって社会のありようは変化します。すると当然、その社会で生きる人間は、社会の変化の影響を受けながら生活することになります。現代社会における子どもの姿の変化とは、どのようなものでしょうか。

①心身の発達

近年では習い事の普及もあり、子どもたちが自発的に集団で遊ぶ機会や場所が限定的になっています。図表1-1をみてみると、幼児期から年齢が上がるにしたがって、多くの子どもたちが習い事をしていることがわかります。習い事は、子どもの能力を伸ばす可能性はありますが、自分たちで遊びを見いだし、仲間とともに自由に遊ぶこととは異なるのは否めません。また、携帯端末の普及にともない、子どもはゲームや動画を気軽に楽しめる環境にあることも、自発的に遊ぶ機会を減らす要因の一つとなっています。

自発的な遊びのなかで自身の身体を使い、思考しながら行動することは、子どもの身体と知的能力を鍛えます。鬼ごっこを例にあげてみましょう。鬼ごっこをすると子どもは力いっぱい走りますから、結果的に肺活量を鍛え、身体機能を育てます。また、どのように逃げれば捕まらないか、鬼の動きを読み、行動する力がつきます。このように、遊びは子どもの心身の発達を助長してきました。しかし、現代の乳幼児期の環境においては、そのような機会が減少傾向にある状況です。

人はその生涯において、人と関わりながら生活していきます。学童期以降に顕著になる、いじめや非行等の問題は、人間関係の問題であるともいえます。しかし人との関わり方は急に学べるものではなく、乳幼児期からの関わりを通じて体得していくものです。

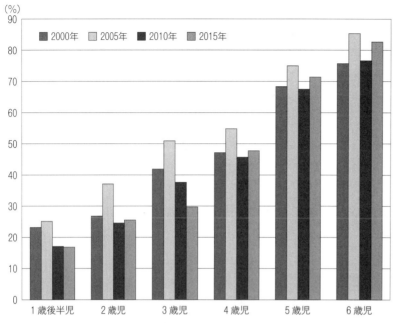

図表1-1 幼児の習い事をしている割合の推移

出典：ベネッセ教育総合研究所「第5回幼児の生活アンケート」2016年をもとに作成

　人と関わることは、自己と他者を意識することから始まります。自分の思いを言語化して相手に伝える「自己主張」、他者の気持ちを理解し、自分の気持ちを調整する「自己抑制」、また相手の様子から「思いやり」の気持ちを学ぶこと、このような人間関係の形成に必要な諸能力は、乳幼児期からの経験が重要になってきますが、自由な遊びの尊重や仲間集団の形成機会が減少すると、これらの能力も育ちにくくなると考えられます。

②発達に課題のある子ども、虐待や貧困状態にある子ども
　保育所・幼稚園では発達に課題のある子どもへの対応も積極的に実践されています。1970年代には障害の早期発見を目的として、**1歳6か月児健診**が導入されました。当時の日本では地域差もありますが、**発達に課題のある子どもへの教育は法律上保証されているものの、実態としては置き去りにされていました**。その後の人権意識の発展や、公害・薬害による障害の発生などを身近な問題として考える風潮が強まり、現在は発達に課題のある子どもへの教育・保育は保証されています。
　また、2000年代に入り「発達障害」の概念が明確になると、結果として保育所・幼稚園でもそのような子どもの姿が多く確認されるようになりました。現在では、各クラスに約1人の割合で発達に課題のある子

参照
1歳6か月児健診
→レッスン12

補足
発達に課題のある子どもへの教育
発達に課題のある子どもの教育については、置き去りにされてきたという経緯があるものの、保育所は「保育を必要とする」子どもの保育を行う施設であるという特性上、そのようななかでも発達に課題のある子どもへの保育実践を重ねてきた。

どもがいるという状況です。保育者は、子どもの発達特性に応じた関わりをすることで、子どもの望ましい成長に貢献する必要があります。

また、保育の現場には虐待や貧困状態などさまざまな背景を抱えた子どもがいます。児童虐待件数は増加の一途をたどっており、特に乳児への虐待は、死に至る深刻な問題でもあります。保育者は子どもの生命を守ることを第一に考えながら、日々の保育を展開しなければなりませんが、保育所だけで子どもの発達保障と権利擁護を行うのが困難なケースが増えつつあります。くわしくは第２節「 3 保育所におけるソーシャルワークの必要性」でみていきます。

2 現代社会と家庭の変容

次に、現代社会と家庭の現状を、家族形態、少子化、子育ての状況からみていきましょう。

①家族形態の変化

わが国では**高度経済成長期**に産業構造が変化したことをきっかけに、家族形態も変化してきました。それまでは大家族制で二世代・三世代が同居する形態が多かったのですが、産業構造が変化し、都市に働き手となる人口が流入すると**核家族**＊が形成され、増加することとなりました。これらの家族形態の変化は、子どもの成長にも影響することとなります（図表1-2）。

図表1-2からわかるように、日本の大家族制の象徴であった三世代同居は、年々減少しています。一方で、単独世帯数の増加は、**非婚**＊化の傾向を示している数値とも解釈できますし、夫婦のみの世帯の増加は晩婚化の傾向を表しているとも考えられます。またひとり親世帯の増加も示されています。図表1-3はひとり親世帯の推移を示したものです。約30年の間にひとり親家庭の世帯数は、母子世帯で約2.4倍、父子世帯

➡補足
高度経済成長期
1950年代後半から1970年代前半まで、日本の経済は非常に高い成長を続け、1968年にはGNP（国民総生産）が世界第２位になった。多くの製造業が発展し技術革新が進み、生活の利便性が上がる一方で、公害も問題になった。

✱用語解説
核家族
夫婦と未婚の子からなる、これ以上分割できない最小単位としての家族をいう。

非婚
自らの意思で結婚しないことを選択すること。

図表1-2 家族形態の変化

	総数	単独世帯	夫婦のみの世帯	夫婦と未婚の子のみの世帯	ひとり親と未婚の子のみの世帯	三世代世帯	その他の世帯
平成 7	40,770	9,213	7,488	14,398	2,112	5,082	2,478
平成12	45,545	10,988	9,422	14,924	2,592	4,823	2,796
平成17	47,043	11,580	10,295	14,609	2,968	4,575	3,016
平成22	48,638	12,386	10,994	14,922	3,180	3,835	3,320
平成27	50,361	13,517	11,872	14,820	3,624	3,264	3,265
平成28	48,945	13,434	11,850	14,744	3,640	2,947	3,330

出典：厚生労働省「国民生活基礎調査の概況」各年版をもとに作成

図表1-3 ひとり親世帯の推移

区分		世帯数(単位:千)	死別(%)	生別 (%)			
				総数	離婚	未婚	その他
母子世帯	昭和63	849.2	29.7	70.3	62.3	3.6	4.4
	平成15	1,225.4	12.0	87.8	79.9	5.8	1.2
	平成23	1,648.0	7.5	92.5	80.8	7.8	3.1
	平成28	2,060.0	8.0	91.1	79.5	8.7	2.0
父子世帯	昭和63	173.3	35.9	64.1	55.4	－	8.7
	平成15	173.8	19.2	80.2	74.2	－	4.9
	平成23	561.0	16.8	83.2	74.3	1.2	6.6
	平成28	405.0	19.0	80.0	75.6	0.5	3.0

出典：厚生労働省「平成28年度 全国ひとり親世帯調査報告（平成28年11月1日現在）」2016年をもとに作成

は約2.3倍に増加していることがわかります。未婚で子どもを育てること、離婚をすること自体は個人の選択であり、特に問題ではありません。しかしその状況が何らかの形で子どもの育ちに影響する場合は、支援が必要になってきます。

ひとり親世帯の経済状態をみてみると、貧困率の高さが目立ちます（図表1-4）。専業主婦であった女性が離婚をきっかけに就労を希望しても、幼い子どもを抱え、就労にブランクがあれば、正規雇用されにくくなります。また、男性が離婚をきっかけに子どもを引き取り育てるケースも近年では増えてきていますが、幼い子どもの保育所への送迎や家事によって残業時間が削られたり、職種が限定されたりして収入が減少する場合もあります。そのような状況のもとで子どもの教育や生活に

参照
等価可処分所得金額
→レッスン4 相対的貧困

図表1-4 貧困率の年次推移

		平成3年	平成6	平成9	平成12	平成15	平成18	平成21	平成24	平成27
相対的貧困率（％）		13.5	13.8	14.6	15.3	14.9	15.7	16.0	16.1	15.6
子どもの貧困率（％）		12.8	12.2	13.4	14.4	13.7	14.2	15.7	16.3	13.9
子どもがいる現役世帯（％）		11.6	11.3	12.2	13.0	12.5	12.2	14.6	15.1	12.9
	大人が1人（％）	50.1	53.5	63.1	58.2	58.7	54.3	50.8	54.6	50.8
	大人が2人以上（％）	10.7	10.2	10.8	11.5	10.5	10.2	12.7	12.4	10.7
中央値 (a) （万円）		270	289	297	274	260	254	250	244	245
貧困線 (a/2) （万円）		135	144	149	137	130	127	125	122	122

注：1）平成6年の数値は、兵庫県を除いたものである。
2）平成27年の数値は、熊本県を除いたものである。
3）貧困率は、OECDの作成基準に基づいて算出している。
4）大人とは18歳以上の者、子どもとは17歳以下の者をいい、現役世帯とは世帯主が18歳以上65歳未満の世帯をいう。
5）等価可処分所得金額不詳の世帯員は除く。
出典：厚生労働省「国民生活基礎調査の概況（平成28年）」2017年をもとに作成

かかる費用の捻出が困難になり、結果として子どもの育ちと家庭生活に影響することにもなります。たとえば、本人が希望しているのにもかかわらず経済的な事情で塾に通えずに学力の保障がされない場合、子どもの将来の進学や就職の選択肢を狭めることもあります。**大家族制**[*]から核家族への移行は、単に家族形態が変化するだけではなく、家族の支え合いがもろくなる可能性をもっています。一人の大人が生活困難を抱えると、小さな家族全体が大きな問題を抱え、子どもの成長に影響を及ぼすことがあります。保育所は家族の形態にも着目し、関係機関とともに支援する必要があるのです。

②子育ての状況：愛着、児童虐待、待機児童問題等

　子育ての状況も大きく変化しました。晩婚化・晩産化が進み、一人の子どもを手厚く育てる家庭では子育てに慎重になる傾向があり、それが子育て不安につながることも考えられます。また、若くして出産・育児をする場合でも、マニュアルがない育児というものに翻弄される場合もあります。多くの保護者が、子育てを「きちんと」しなければいけないという重圧を感じており、その結果、子どもに過度な要求をしたり、しつけと称する不適切な関わりをしてしまう場合もあります。

　子どもへの不適切な関わりは、ときとして虐待という形で現れることもあり、保護者と子どもの双方に傷を残します。特に、子どもの側には**愛着形成**[*]の課題を残すことがあるので、保育所は日々の保育で親子の様子を確認しながら、虐待的な行為を未然に防ぐ必要があります。

　図表1-5からわかるように、児童虐待件数は年々増加の傾向にあります。多くの自治体で予防策や対応策を取ってはいるものの、効果的な解決策はなかなか見いだせない状況ですが、保護者の孤独な子育て状況を改善することが、予防策の一つといえます。

　また、待機児童問題も今日的課題としてあげられます。自身の自己実現のためや、家庭の経済的事情から就労を希望する女性が増えています。しかし、保護者が就労するために「保育を必要とする」子どもの保育所入所を希望しても、すんなりとは入所できないのが現状です。なぜなら、待機児童数と保育所受け入れ人数のバランスが悪く、特に乳児の受け入れ人数は現状に合っていません。このように、少子化であることが叫ばれて久しくなりますが、子育ての状況は依然として厳しい状況にあるといわざるをえません。

3　現代社会と地域の変容

　産業構造の変化や家族形態の変化とときを同じくして、地域社会との

＊用語解説
大家族制
人数の多い家族で、夫婦とその子ども、直系、傍系の親族やその配偶者を含むが、学問的に概念は確立していない。

＊用語解説
愛着形成
イギリスの精神医学者ボウルビィ（Bowlby, J.）の愛着理論にある一つの概念。乳幼児は、身近な大人との情緒的な結びつきをもつことで、心と身体の安全を得るための「生きる知恵＝非認知能力」を獲得する。愛着形成は、身近に育児をする人との間で築く情緒的な結びつきを意味する。

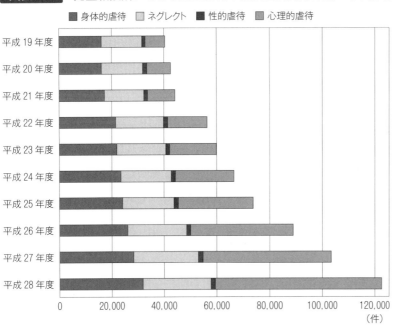

図表1-5 児童相談所における児童虐待の相談種別対応件数の年次推移

出典：厚生労働省「福祉行政報告例」各年度版をもとに作成

関係性にも変化がみられました。高度経済成長を契機とする産業構造の変化は、地域のなかでの人と人とのつながりを失うことにつながりました。それまでのわが国は、地縁とよばれる地域住民の結束が強かったのです。古くからある「結」とよばれる組織は、地域の住民で協力し合って屋根ふきや雪かき、田植え等の作業に従事し、相身互いの思想を実践していました。このような住民組織や思想を背景とし、地域の結束力は強められていましたが、産業構造の変化が地域社会のあり方にも影響を与えることになりました。

　地域社会が機能していたころは、地域の人々は子どもに善悪やふるまいをそのつど教える役割を担っており、地域がともに子どもを育てているようなものでした。また、職住が近接していた時代においては、住民の地域社会への愛着も深いものでした。しかし、核家族化が進行するなかで都市部では職住が分かれ、新たな住民は地縁のない土地で家庭を築いていくことが多くなりました。そうなると自然と地域への愛着は薄くなり、新しい住民のなかには地域になじもうとする人もいますが、自身のプライバシーを大事にするために地域と距離をおく人も出てきました。

　都市部にある大きな集合住宅では、表札を出さない家も珍しくありません。これは個人情報の露出を最小限にとどめたいという思いもありますが、誰がどこにいるかということを知らせたくない・知られたくない

という思いの表れでもあります。このような理由で、引っ越しの際のあいさつ回りを省略することも増えてきているといいます。地域におけるつながりが希薄化し、個人が優先される状況になっているともいえます。

　しかし、皮肉なことに、児童虐待による事件が報道されることにより、各家庭の問題と考えられていた子育てに対する認識が、少しずつ変化してきています。特に2010（平成22）年に**大阪市で2人の子どもが餓死した事件**は大きく報道され、近隣住民をはじめとする地域の役割を再考するきっかけにもなりました。「子育ては各家庭が第一義的には責任を負うが、社会も手助けしていいのだ」という風潮が、少しずつではありますが、広まりつつあります。子どもは地域の学校に通い、地域で育っていきますから、どのように地域と連携するかを今後も考えていく必要があります。

◆補足
大阪市二児餓死事件
2010年大阪市で、母親の育児放棄により3歳と1歳の幼児が遺棄され餓死した事件。

2. ソーシャルワークとは何か

1 ソーシャルワークの定義

　ソーシャルワークとはどのようなことを指すのでしょうか。公益財団法人日本社会福祉士会の倫理綱領では、ソーシャルワークを以下のように定義しています。

ソーシャルワークの定義

　ソーシャルワークは、社会変革と社会開発、社会的結束、および人々のエンパワメントと解放を促進する、実践に基づいた専門職であり学問である。社会主義、人権、集団的責任、および多様性尊重の諸原理は、ソーシャルワークの中核をなす。ソーシャルワークの理論、社会科学、人文学および地域・民族固有の知を基盤として、ソーシャルワークは、生活課題に取り組み、ウェルビーイングを高めるよう、人々やさまざまな構造に働きかける。

　人が社会で生活していると、さまざまな困難に直面します。ソーシャルワークでは、その問題と個人だけを考えるのではなく、それらを取り巻く環境や社会構造、多様性を視野に入れて、その生活課題に取り組むことが求められています。特に、倫理綱領にある**エンパワメント**とは、

参照
エンパワメント
→レッスン2

個人が主体的に活動できるように専門家が側面的に支援することを指します。困難に直面している人は、思い悩むことで気持ちが落ち込み、自身で問題解決できない無力感に打ちのめされることがあります。しかし、それは状況が個人の力を奪っているだけであり、その人に力はあるのです。個人には力があり、それが今の状況で発揮できていないだけであること、環境が整えば力を発揮できるはずだと思って、専門家が関わることがエンパワメントです。環境を調整するには、個人と向き合うだけではなく、さまざまな関係機関と連携する必要があります。個人だけに焦点を当てるのではなく、個人を取り巻く環境を視野に入れて援助することが必要です。

2 地域を基盤としたソーシャルワーク

ソーシャルワークの概念や技法を保育に用いることは、一定の効果が期待できます。しかし、子育てに課題を抱える家庭と保育所は地域にあり、家庭を支えるために保育所は、地域の関係機関と連携する必要があります。地域を意識した援助活動を行うためには、地域を基盤としたソーシャルワークの概念を理解することも必要になります。

地域を基盤としたソーシャルワークの概念は、1980年代に提唱されました。藤井は、地域を基盤としたソーシャルワークについて、「生活課題をもつ家族や個人に対して、地域での日常生活の維持や回復を目的として専門サービスの提供とともに、近隣住民や当事者組織などの非制度的サポートを重視したソーシャルワークである[1]」と、述べています。つまり、個人あるいは家族に働きかけるだけではなく、その人たちが生活する地域にまで視野を広げ、課題の解決に有効な**社会資源**を活用していこうという考え方です。

たとえば貧困の問題では、保育所で支援できることには限界があります。しかし地域でとらえると、経済的な問題の相談窓口や**ファミリー・サポート・センター**、無料の子どもの遊び場の紹介など、さまざまな機関が連携することで、ともに課題解決する姿勢が育まれます。保育所の園庭開放に参加した子育てに不安を抱える保護者に専門の相談窓口を紹介したり、児童館やつどいの広場など同じような状況の保護者が集まる場所を紹介することで、エンパワメントの機会を提供することができるかもしれません。このように、ソーシャルワークの考え方に地域を意識することは子どもと保護者にとって有効であるといえます。

地域を基盤としたソーシャルワークを考える際には、次の2つの視点が必要になります。

▶出典
[1] 藤井博志「コミュニティソーシャルワーク」黒木保博・山辺朗子・倉石哲也編著『ソーシャルワーク』中央法規出版、2002年、172頁

参照
社会資源
→レッスン6、10

ファミリー・サポート・センター
→レッスン7

①個を地域で支える

子どもは地域で生まれ、地域で育ちます。その子どもを育てる保護者も地域の一員です。子どもを育てることは、家族のみに課された役割ではありません。地域で育ち、社会の一員である以上、周囲の人も子どもの育ちに責任があると思う必要があります。人は成長するなかで社会化の力を発達させていきます。社会のルールを知り、ふさわしいふるまいをできるようにするのが社会化機能ですが、これらは子ども一人の力や家族だけの力では育ちにくいのです。人と関わり、他者を知ることから社会化が育つわけですから、地域は人を育てる役割に参画しているという意識をもたなければなりません。

地域で孤立している家族がいるならば、それはその家族の問題だけではなく、社会が責任をもち、地域で援助する必要があります。自己責任という言葉がありますが、個人の力だけではどうにもできないことも起こります。近年、**こども食堂***の活動が各地で活発化していますが、個を地域で支える一つの活動ともいえます。努力してもうまくいかない場面で手を差し伸べるのが地域の役割であるという、「個を地域で支える視点」が必要です。

②個を支える地域をつくる

もう1点、「個を支える地域をつくる」という視点も必要です。地域社会が崩壊しているといわれて久しくなりますが、地域を育てる取り組みはこれまでと同様に、脈々と継続され続け、さらに新たな展開を交えて進められています。

たとえば、**民生委員・児童委員**の役割は今も継続されています。民生委員制度の前身となる済世顧問制度は1917（大正6）年に始まり、現在も継続して活動を続けています。委員の高齢化や役割の重さなど、現代的課題はありますが、この活動は大正期から現在に至るまで、日本の地域の福祉を維持・育成する役割を担ってきました。民生委員が気になる家庭に戸別訪問し、課題を把握し、関係機関につなげる活動は、個を支える地域の力といえます。

また2015（平成27）年度に施行された子ども・子育て支援新制度では**地域子育て支援拠点事業**の位置づけが明確化されました。この事業は、全国約7,000か所に子育て支援の拠点をつくるもので、設置場所は公共施設の空きスペースや、商店の空き店舗も対象になっています。多くの人が子どもや子育てする姿を目にする場所で行われることで、地域の人たちの支え合う意識の啓発につながるとも考えられます。

そして保育者の日常的な業務も、個を支える地域の役割を果たしてい

---

* **用語解説**
こども食堂
地域住民や自治体が主体となり、無料または低価格で食事を提供する場を指す。

参照
民生委員・児童委員
→レッスン7

参照
地域子育て支援拠点事業
→レッスン7

ます。保育者は、子どもと一緒に地域のなかの道路を通り、公園に散歩に出かけることもあります。そのような機会に、行き会う地域の人にあいさつをしたり、庭の草花を目にしたり、飼っている犬と関わったりすることは、地域の人々に「保育所」「子ども」のことを意識してもらう機会になっています。同様に、季節ごとの行事や保育所での活動に協力をお願いすることもあります。これらの活動を通して、地域の人々は保育所や子どもを身近に感じ、その育ちを見守る存在につながります。このように、保育者の日常業務は地域の個を支える力をつくっていることにほかなりません。保育者は、すでに地域と個をつなぐ役割を担っていることを再認識し、個と地域を育てる視点で保育をすることが必要です。

3 保育所におけるソーシャルワークの必要性

　保育所は、保育を必要とする子どもの生活の場であること、またその場は養護（生命の保持と情緒の安定）と教育が一体となって展開されることはいうまでもありません。さらには「保育所保育指針」第4章「子育て支援」において、保育所を利用している子どもの保護者、地域の保護者等に対する子育て支援を保育者が行うことが示されています。子育て支援の視点から、保育におけるソーシャルワークの必要性を具体的にみていきましょう。

①課題を抱える子どもへの支援

　保育の場には、さまざまな課題を抱えた子どもが日々通ってきています。その課題は多岐にわたっており、たとえば、発達に課題がある子どもといっても先天的であるか後天的なものなのか、また肢体に課題があるのか、知的に課題があるのか、その程度や状態の重複などは子ども一人ひとりによって異なります。保育者は、子ども一人ひとりの状態に合わせて保育する必要があります。

　近年多くみられるのは**グレーゾーン**とよばれる子どもたちです。この子どもたちの多くは、発達的な課題が顕著にみられるわけではありません。しかし、行動にこだわりや特徴があったり、他児との人間関係の形成に困難が生じやすかったり、保育のなかで気になる行動を示したりします。これらの子どもたちのなかには、発達障害の特性を有している場合もあります。保育者は、子どもの発達を把握し保育実践する専門家ですから、子どもの障害を診断する立場にはありません。しかし保育者は、このような子どもたちに対して園内の協力体制はもちろんのこと、子どもの発達に関する相談機関や医療機関、将来的には就学に向けての地域の小学校との連携を考える必要があります。

参照
グレーゾーン
→レッスン2

また、貧困状態にある子どもへの支援も必要です。経済的な課題に対して、保育の場でできることには限界がありますが、子どもの発達を保障するためにも他機関との連携を考えることは保育者の役割の一つです。

虐待的な環境で育っている子どもへの支援も必要となります。虐待的な環境で育つと、子どもは大人に対して不信感を抱いたり、反対に無差別的な愛着を示す場合があります。これを**愛着障害**といいます。愛着障害は、子どもの性格傾向からくるものではなく、環境的な要因で示されている特性であることを保育者は理解しましょう。また、叱責するのではなく、子どもの行動裏にある原因を的確に把握し、子どもとの間に愛着関係を形成し、そして望ましい行動を示すことで子どもの行動変容を促す必要があります。

以上のように、子どもがどのような状況にあっても、保育者には子どものよりよい発達を意識した関わりが求められます。目の前の子どもの課題を把握し、どのように変化することを求めるのか、そしてどれだけの時間と社会資源の活用が必要なのかを考えるとき、保育のなかでソーシャルワークの視点をもつことの重要さが理解できるはずです。

②子育てに課題を抱える家庭の支援

保護者が子育てをする過程では、子どもとの関係性や発達に悩んだり、自身の仕事上のことで悩んだりするなど、ストレスとなる要因がいくつもあります。うまく対処できる人もいれば、そうでない人もおり、保育者は、保護者のストレスが子どもに虐待という形で表出されることを防ぐ役割があります。

保護者は、子どもの発達に敏感になりがちです。いつ言葉を発したか、いつ歩けるようになったかなど、他児と比べてどうなのかということで思い悩むこともあります。どこまでが子どもの個人差なのかがわからなくて悩む保護者もいるのです。保育者は、保護者とのコミュニケーションを密にし、日々の子どもの様子を伝えながらともに子どもを育てていく姿勢が必要です。

また、保護者自身が自分の課題に悩んでいる場合もあります。配偶者から**DV***を受けていたり、子どもに虐待的な関わりをしているなどの場合があります。DVの問題の解決はとても難しく、保育所のみでは解決にむけた援助はできません。保護者間のDVを子どもの前で行うことは、子どもへの心理的虐待にあたります。子どもを守るためにも、保育所が専門の相談窓口、警察や**社会福祉施設**等、さまざまな機関と連携する必要があり、その機関も含めた援助計画を立てる必要があります。**保育相談支援の技術***を生かしながら、ソーシャルワーク的視野をもって

◆補足
愛着障害
子どもの特徴として、衝動的、反抗的、破壊的な行動がみられる。表現方法の偏り、自尊心や責任感が欠如している。反応性愛着障害ともいわれる。

※用語解説
DV（ドメスティック・バイオレンス）
親密な関係性にある（またはあった）者からふるわれる暴力のこと。

参照
社会福祉施設
→レッスン7

※用語解説
保育相談支援の技術
柏女霊峰らにより提唱された保育者が相談活動の際に活用している技術。受信型・発信型とあり15の項目で示されている。

関わることが、子どもを守り、保護者を支援することにつながるのです。

③地域子育て支援

　地域の子どもや保護者等への関わりも、保育所の大事な役割です。「保育所保育指針」にもあるように、保育所は通ってくる子どもと保護者だけではなく、地域の子どもと保護者等への子育て支援も実施しなければなりません。子育ての負担感や不安感を少しでも軽減できるような関わりが求められています。そのために、保育所で園庭開放や行事への参加、相談活動を行うことは重要なことです。また場合によっては、つどいの広場や児童館の紹介や相談機関との連携が必要な場合もあり、関係機関と積極的に連携する姿勢が求められます。

　子ども・子育て支援新制度により、**地域型保育事業**が導入されました。地域型保育事業は待機児童の解消を目的としており、0～2歳の子どもが対象です。地域型保育事業では、子どもが同年齢あるいは異年齢の子どもと関わりながら育っていくには人数規模が小さすぎるという課題があります。また、3歳以降の保育の受け皿が不確定であることも問題の一つです。以上の点から、これら地域型保育事業と地域の保育所等が連携していくことが今後必要となってきます。保育者は、これらの施設の保育者とともに、子どもたちの発達を支える役割があるのです。

　また、近年、**里親***家庭で育つ子どももわずかながら増加しています。はじめて里親になる人は、子どもの発達把握が未熟であったり、子どもの言動に振り回されたりすることもあります。そのようなときに保育者は、子どもの発達の道筋を示しながら、適切な関わりを提示することが必要になってきます。同様に、**乳児院***や**児童養護施設***などの児童福祉施設でも、保育所と同様に、子どもと保護者への関わりが求められていますし、また地域に対しての関わりも求められています。特に児童養護施設では、多くの子どもが**大舎制***の生活から、生活の集団を少人数にする**ユニットケア***への移行が進められています。また**グループホーム***の導入も進み、地域で子どもが生活する傾向がより強まっています。

　このように、子どもや子育ての状況、また地域のありようは変化しています。このような状況においては、保育所だけの視点で物事を考えるのではなく、広く地域社会との連携を視野に入れた援助過程を検討する必要があります。そのためには保育実践をしながらも、ソーシャルワークの視点で物事をとらえ、子どもと保護者のために貢献することが求められます。

補足

地域型保育事業
以下の4つの類型がある。
・家庭的保育事業：定員1～5名
・小規模保育事業：定員6～19名
・事業所内保育事業：定員20名以上
・居宅訪問型保育事業：1対1

用語解説

里親
さまざまな事情により家庭での養育が困難または受けられなくなった子どもたちを養育する、都道府県知事が適当と認めた者。

乳児院
「児童福祉法」第37条に規定されている、保護を要する乳児を入院させて養育することを目的とした児童福祉施設の一つ。

児童養護施設
「児童福祉法」第41条に規定されている、保護者のない、あるいは虐待等養育環境上養護を必要とする児童を養育することを目的とした児童福祉施設の一つ。

大舎制
児童養護施設等で、1舎につき20人以上の児童が生活する施設。現在は小規模での養育が推進されており、大舎制は減少傾向にある。

ユニットケア
施設内の生活単位を小さな単位（ユニット）とすること。児童養護施設の場合、子どもの人数は6名程度、職員は2名程度で食・住をともにする。家族的な養護を目指すための取り組みの一つ。

第1章 保育ソーシャルワークの考え方

※用語解説
グループホーム
児童養護施設が一軒家などを生活の場とし、職員と児童（6名まで）でより家族的な生活を展開する形態を指す。

演習課題

①保育所・認定こども園・幼稚園等で、地域を意識した取り組みにはどのようなものがあるのか考えてみましょう。

②保育所・認定こども園・幼稚園と地域型保育事業施設は連携する必要がありますが、保育場面ではどのような点で連携できるか考えてみましょう。

③身近に地域子育て支援の場があるでしょうか。探して、どのような活動をしているのか調べてみましょう。

レッスン **2**

保育ソーシャルワークとは何か

このレッスンでは、保育ソーシャルワークの基本となる考え方を学びます。基本となる考え方とは、保育ソーシャルワークの定義（意味）、目的（何のために）、沿革（歴史）、対象（誰に）、原理（保育者が大切にすべき考え方）、そして機能（働き）からなります。

1. 保育ソーシャルワークの定義

　ソーシャルワークは社会福祉実践の総称です。社会福祉実践は、人々が日常の生活を送るうえで抱えている困難を支援することを目的として行われます。社会生活を送るうえでの困難とは精神的・身体的な疾患のため自立した生活が難しい、経済的に困窮している、就労や社会参加の機会がない、家族の関係がうまくいかない、地域から孤立しているなどが考えられるでしょう。

　このような困難のなかには、一人ひとりが個人の力で解決できる問題と個人や家族の力をもってしても解決できない問題があります。個人や家族の力では解決できないような問題を解決できるようにするための支援がソーシャルワーク（社会福祉実践）となります。

　次に、保育ソーシャルワークについて考えてみましょう。ソーシャルワークを保育に照らして考えると、保育ソーシャルワークの対象は、生活上の困難を抱えている子育て家庭になります。子育て家庭が抱えている生活上の困難とは、経済的な困窮状態や家庭の不和、仕事（就労）と子育てのバランスの問題、子どもの障害などの発達上の課題、保護者が抱えている子育て不安、保護者自身が抱えている精神的な問題などが考えられます。

　就学前の子育て家庭に固有の問題について、保育や地域子育て支援の現場で支援や援助を展開することを保育ソーシャルワークとよびます。

2. 保育ソーシャルワークの目的

　保育ソーシャルワークの目的は、広義と狭義に分けて考えることがで

きます。広義（広い目的）には、子育てをしているすべての家庭が精神的に安定し、社会的な生活が豊かに営めるように支援することです。また、豊かな生活が不安定にならないような予防的な支援もソーシャルワークの対象となります。子育て中の保護者が孤立することを予防する**地域子育て支援拠点事業**などがこれにあたります。また、子育てに関する地域の資源（育児講座、ボランティアなど）を発掘して、子育て家庭と結びつけることを目的とした活動なども広義のソーシャルワークとなります。

狭義（焦点化すれば）には、前述した生活上の困難を抱えている子育て家庭を対象に、その家庭が健康で安定した生活ができるように支援をすることです。「日本国憲法」第25条では、「すべて国民は、健康で文化的な最低限度の生活を営む権利を有する」と定められています。そして、「国は、すべての生活部面について、社会福祉、社会保障及び公衆衛生の向上及び増進に努めなければならない」と定められています。国は自治体をとおして、住民の生活の向上に努めることが定められていることになります。保育所（認定こども園）や地域子育て支援拠点事業は、自治体（市町村）の事業です。したがって、これらの施設は子育て家庭の福祉、社会保障、公衆衛生の向上と増進に努めなければならないということになります。

しかし、保育所や地域子育て支援拠点事業は、子育て家庭が抱える問題のすべてに対応することはできません。子育て家庭が抱えている生活上の困難をその家庭が解決できるように援助あるいは支援するためには、地域の資源や事業（サービスなど）を知って活用する必要があります。また、国や自治体に制度としての子育て家庭の福祉、社会保障、公衆衛生の向上と増進を働きかける必要もあります。保育ソーシャルワークは、行政の各種サービスや地域の資源・事業を活用しながら子育て家庭を支援する実践方法論といえるでしょう。

インシデント①

保育所を利用しているAちゃんは、最近服装や身なりの汚れが目立つようになりました。お母さんも少し疲れがたまっている様子です。担任と主任がお迎えの時間にお母さんから話を聞いたところ、「夫の仕事がうまくいかず、ストレスで私にあたってくるのがつらい。私のせいにされているようで」とのことでした。主任は父親から母親へのDVの可能性を考えて、市の**婦人相談***の相談員に話してみてはどうかと助言をしました。

参照
地域子育て支援拠点事業
→レッスン7

参照
DV
→レッスン1

※ 用語解説
婦人相談（女性相談）
離婚や女性が生活していくうえで抱える生活全般の悩みなどについて、専門の相談員が対応する。市町村の生活福祉などの係が対応している。相談のなかで、DVが疑われる場合は、市の配偶者暴力相談支援センター（DVセンター）が対応している。

後日、相談員に来所してもらい、主任も同席して話を聞くことにしました。担任は、Aちゃんが両親の言動から影響を受けていないか、保育の場面で注意をして見守ることにしました。

　夫婦の不和、仕事や経済的な問題を、保育所で解決するには限界があります。行政の相談窓口などの利用をすすめることを考えますが、単に窓口を紹介するのでは、母親は同じ話を相談員にしなければなりません。主任は、母親の了解を得て状況を相談員に伝えたうえで保育所に来てもらい、一緒に話を聞くことにしています。このように、相談内容に応じて適切なサービスにつないだうえで見守りを行うことは、ソーシャルワーク固有の支援といえるものです。
　では、なぜ保育ソーシャルワークという考え方が生まれたのでしょうか。前述のような子育て家庭が抱えている生活上の問題について、近年わが国で取り上げられるようになったことが要因の一つです。また、「児童福祉法」の改正などがあり、虐待や不適切な養育環境で育つ子どもについては、自治体が保護者に対して**保育所利用を勧奨**（指導）するように明記されました。これにより、保育所では養育困難な家庭の子どもの利用が増加し、保育所と関係機関が連携しながら子育て家庭を支援する必然性が高まりました。
　また、発達上の課題のある子どもが増えつつあるといわれています。**自閉症スペクトラム障害**といった診断のつく子どもだけでなく、**グレーゾーン**＊と思われる子どもたちが増えており、従来の保育所保育のみで対応することが難しい状況があります。このような子育て家庭が抱える課題やそれにともなう保育所利用の増加、そして子どもの発達上の課題といった様相を背景に、保育ソーシャルワークの意義が高まっているといえるのです。

インシデント②

　2歳児のKくんは、身体的虐待の疑いで児童相談所と福祉事務所を通じて保育所入所となりました。子どもの泣き声がすると近隣からの通報を受けた児童相談所が家庭訪問し、両親と面接をしました。「子どもがいうことを聞かないので、しつけのために叩いている」との話から、児童相談所から福祉事務所を通じて保育所利用となりました。
　保育所では、Kくんと主として母親を支えるとともに、市の**要保護児童対策地域協議会**（要対協）で専門職が情報を交換しながら、

☑ 法令チェック
保育所利用の勧奨
「児童福祉法」第24条

📖 参照
自閉症スペクトラム障害
→レッスン12

✱ 用語解説
グレーゾーン
診断の難しい発達障害の俗称。学習障害、ADHD（注意欠陥・多動性障害）、広汎性発達障害などは知的な遅れをともなわず、明確な診断が早期につきにくい。3歳児健診や就学前診断などで、グレーゾーンと指摘される場合がある。

📖 参照
要保護児童対策地域協議会
→レッスン7

家庭の養育環境を見守ることになりました。

　虐待（疑いを含む）の通告があった場合、児童相談所は子どもを家庭からいったん分離するか、あるいは在宅のまま見守るかの判断をします。在宅のまま見守る場合には、市町村の福祉事務所と連携をしながら見守ることになります。児童相談所と福祉事務所は、子どもの保育の必要性を吟味し、保護者に保育所利用を指導します。保育所は保育をとおして子どもと家庭を支えるとともに、要保護児童対策地域協議会と連携しながら家庭を見守ります。連携に際しては、児童相談所や福祉事務所と共通する**アセスメントシート**を使って、**虐待のリスクを評価**します。このように子どもと家庭の福祉を守るために関係機関が連携しながら、子どもとその家庭の福祉を守る必要性が高まっていることが保育ソーシャルワークの必要性が高まっている理由といえるでしょう。

3. 保育ソーシャルワークの沿革

　保育ソーシャルワークを歴史的にみると、ソーシャルワークが発祥したといわれる19世紀後半には、すでに実践されていたと考えるべきでしょう。**COS**＊活動にみられる友愛訪問、**セツルメント運動**はスラム街で暮らす家庭を訪問し、教会などの地域の活動に参加することを呼びかけています。子どもにはレクリエーション活動への参加を促しています。
　たとえば**YMCA**は、貧困街の子どもたちを対象としたプログラム活動を展開していました。今日のような制度としての保育ではなく、子どもの成長や発達を促すことを目的とした居場所をスラム街につくり、大学生やボランティアとの人間関係を中心とした教育的あるいは余暇的活動が行われていたのです。
　一方、日本に目をむけると1900（明治33）年には、野口幽香、森島峰が日本の保育事業の先駆けとなる「二葉幼稚園」を東京・四谷に貧民幼稚園として開設しています。野口らは地域住民や行政職、専門職と連携しながら、貧しい子育て家庭を対象に保育をとおして援助を行っていました。

参照
アセスメントシート
→レッスン11 ミニコラム②、レッスン12

補足
虐待のリスク評価
最近は、保育所（認定こども園、幼稚園、地域子育て支援センターを含む）で子どもの虐待防止チェックリストが作成されており、保育所独自でチェックリストを用いて虐待のリスク評価ができるようになった。
→レッスン12

用語解説
COS
慈善組織化協会（Charity Organization Society）のこと。イギリスで1869年に設立された。日本では1908年に中央慈善協会として設立している。

参照
セツルメント運動
→レッスン9

YMCA
→レッスン9

4. 保育ソーシャルワークの対象

保育ソーシャルワークの対象は、子どもと子どもを養育する家庭、家庭が生活する地域、そして子どもと家庭を支える関係機関になります（図表2-1）。

1 広義の対象

広義には、すべての子育て家庭と地域社会が対象となります。保育ソーシャルワークの目標とするところは、家庭と地域を中心にした子育て環境をつくることにあります。すべての子どもの育ちと子育て家庭を地域で支えることを第一義に、そういった地域をつくることを第二義に考えるとよいでしょう。

第一義的な「地域で支える」とは、すべての子育て家庭を地域が支えることです。**地域子育て支援拠点事業**は子育て家庭の孤立を防ぎ、保護者の交流や相互の支え合いを促す場所として有効ですし、そこに地域住民がボランティアで参加することによって、子育て家庭が地域で支えられるのです。

参照
地域子育て支援拠点事業
→レッスン7

図表 2-1 保育ソーシャルワークの対象についての考え方

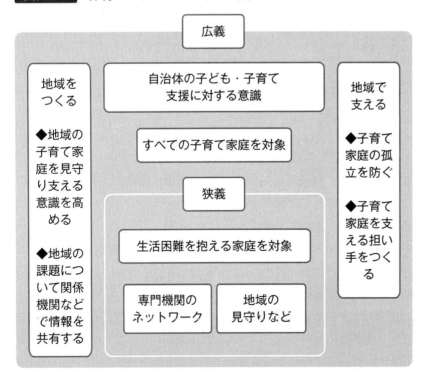

第二義的な「地域をつくる」とは、拠点の活動に関わる人々が増え、地域の子育て家庭を地域全体で支えるという雰囲気がつくりだされることを指します。つまり、地域の住民、子ども・子育てに関する専門機関（母子保健、医療、福祉、発達など）を含みながら、子どもが育ちやすい地域環境をつくることにあります。近年地域で展開されている「地域子育て支援拠点事業」なども、事業のうちの一つです。

2　狭義の対象

　狭義には、生活課題を抱えている子育て家庭と、その家庭を支えようとしている地域、専門機関が対象になります。生活課題とは、すでに紹介しているような子どもの育ち（発達課題）、保護者の疾患、育児不安、虐待など不適切な養育、家庭不和、経済的困窮などがあげられます。生活課題への支援を円滑にすすめるためには、直接的に子どもと家庭に援助を行うとともに、地域の専門機関がネットワークをつくるという間接的な援助が必要になります。

　保育ソーシャルワークの狭義の対象は、生活上の困難を抱える子育て家庭とその家庭を支える関係機関（ネットワーク）になります。関係機関のネットワークが対象となる理由は、ネットワークができることで子育て家庭の情報が集約でき、統一された援助方針のもとで役割分担が示されるため、それぞれの関係機関が子育て家庭に有効な援助が提供できるからです。

> 参照
> ネットワーク
> →レッスン6

5. 保育ソーシャルワークの原理

　保育ソーシャルワークの原理とは、保育を利用することにより、子どもと保護者が豊かな生活が実現できるようにするための考え方になります。特に子育てがうまくいかない家庭の場合、保育者は保護者を「力のない人」とみるのではなく、何らかの事情があって「力を発揮できない人」と考えるべきです。

　以下、保育ソーシャルワークの原理についての理解を深めるために、一つの事例をインシデントに分けて紹介していきます。

①人間性尊重の原理：子どもと保護者の人権を尊重する

　保護者と子どもを属性で判断せずに人間として尊重することを意味します。属性とは年齢、出自、地域、家族構成、仕事などがあげられます。保育者、保護者の外見や言葉遣い、子どもへの関わりなどからのみ理解

すると先入観にとらわれた評価を行うことになります。

インシデント③
2歳の女児を育てるBさんは、未婚のシングルマザーです。担任は、認知も受けていない女児をかわいそうに感じると同時に、未婚のまま出産したBさんを身勝手な親ではないかと思っています。

保育者は未婚の出産に違和感を覚え、子どもと保護者に保育者の感情と思いだけで評価を行っています。人間性尊重とは、親子が生きる姿に敬意をもつことです。人間として尊重する姿勢から、対話が生まれ理解がすすむと考えます。

②主体性尊重の原理：信頼関係をつくり主体性を支える
主体性とは、人が自分の意思で判断し行動することを意味します。人は自分の願いや思いを、生活をとおして実現したいという欲求（**自己実現の欲求**＊）をもちます。主体性の尊重、人の自己実現の欲求や動機を尊重しようとする考え方です。

インシデント④
担任は、送迎時にBさんが話をしやすいように声をかけていました。その結果、Bさんは少しずつ担任に心を開き、「子どもが1歳までは祖母にみてもらって働いていましたが、2歳を前に働きながら子育てをしようと決意しました」と話しました。

担任から毎朝ていねいに声をかけられることで、Bさんは担任に自分の思いや考えを話して理解してもらいたいと思うようになったことがわかります。

③参加と連帯の原理：保育をとおした援助活動に参加し連帯する
保育者は、保育所が行う援助活動などについて、保護者や子どもから意見を聞き保育に反映させる機会をもつようにします。保育者はできることとできないことを吟味しながらも、可能な限り保護者の思いを受け止めるようにします。

インシデント⑤
保育所に安心感をもってもらうため、担任はBさんに"Bさんの保育所への思いを聞く機会"を設けることを提案しました。Bさんが自分の母親の参加も希望したため、Bさん、Bさんの母（祖母）、

＊ 用語解説
自己実現の欲求
人は自分に適していることをしていない限り、すぐに新しい不満が生じて落ち着かなくなってくる。自分のもつ能力や可能性を最大限に発揮し、具体化して自分がなり得るものにならなければならないという欲求。マズローの欲求階層説（生理的欲求、安全の欲求、社会的欲求、承認の欲求、自己実現の欲求）のなかで、最も高次の欲求とされる。

担任2名、主任の5名で保育について話し合う機会をもちました。

　保育について話し合う機会を設けたことでBさんは意欲的になり、自分の母親（祖母）の参加も求めてきました。参加と連帯の機会が本人の話し合いへの動機づけを高めることにつながります。

④可能性尊重の原理：人間の可能性を認める

　病気や障害があっても、人は自分の可能性を伸ばすことを望んでいます。保護者に対して、「気の毒だ」「（子育ては）無理ではないか」などのあきらめの気持ちを保育者がもっていたり、「手伝ってあげよう」といった善意を過剰にもつことは本人の可能性の芽を摘むことにもなりかねません。人は自分のもつ力を発揮して何かを成し遂げたいという欲求をもっています（自己実現の欲求）。問題を抱えて意欲が低下しているようにみえる人でも、心の奥には問題を解決し生活を回復させたいという気持ちをもっています。

インシデント⑥
　Bさんは、働きながら資格をとりたいと希望するようになりました。そして、自分が未婚の母になった理由と仕事や子育てをがんばろうという強い気持ちをもっていることを担任に話すようになりました。

　一人の人間として受け入れられ、主体性が尊重されて参加と連帯の機会が与えられることで、Bさんが自身の可能性を高めようとする思いが生まれてくることがわかります。

⑤生活全体性の原理：生活の全体を把握する

　生活の全体性とは、健康、仕事（社会とのつながり）、地域生活（友人などを含む人間関係）、経済的安定そして娯楽（余暇などの楽しみ）などの生活に必要な要求のバランスを意味します。このうちどれか一つでも不安定になると、その不安定さは生活の全体に波及すると考えられています。

インシデント⑦
　意欲をもっていたBさんですが、登所時の遅刻が目立つようになりました。担任がBさんのこれまでの意欲を評価し、困ったことは相談するように伝えたところ、祖母のもの忘れやイライラが強くて、Bさんの精神的な負担になっていると話してくれました。

保護者や子どもの変化の背景として、生活全体のバランスの乱れを想像することの大切さがわかります。遅刻を否定的にとらえることなく、Bさんが直面している生活上の課題を理解し、その課題への援助を関係機関との連携から考えようとすることがソーシャルワークの専門性になります。

⑥**地域生活尊重の原理：地域の生活を支える**

　人は地域の人々とのつながり、友人などの趣味や考え方が同じ人々とつながりをもつことで心豊かな生活が送れます。住民や友人とのつながりをもつことで孤立せずに互いの生活を支え合う安心感が生まれます。保育者は、保護者や子どもが地域のなかで人々とつながりをもてているのかを把握します。つながりが必要だと判断した場合、保育者は保護者同士のつながりや親子が生活する**地域のキーパーソン**につなげて支えていくことを考えます。

インシデント⑧

　担任は、Bさんに了解をもらい、同じ体験をしているクラスの母親にBさんの話をし、体験や有効な情報を2人で共有できるようにしました。また、地域の民生委員に来園してもらい、介護保険など高齢者の福祉サービスの利用について話をしてもらいました。

　保育ソーシャルワークの原理は、一つひとつが独立しているのではなく、相互に関連していることが理解できるでしょう。保育者は全体として原理を理解しながら、親と子どもの状態や生活上のニーズに対応できるように意識を高めることが求められます。

◆ 補足
地域のキーパーソン
地域の歴史や文化を知り、地域の資源（情報、役立つ人のつながりなど）を知り、つなげることができる人、具体的には、民生委員・児童委員、自治会長といった住民の代表格の人を指す。
→レッスン7

6. 保育ソーシャルワークの機能

　保育ソーシャルワークの機能は、利用者に直接的に働きかけるミクロ、既存の福祉系サービスをつなぐネットワークづくりや社会資源を開発するメゾ、自治体などに働きかけるマクロの3つがあります（図表2-2）。

1 ミクロの機能

　ミクロとは、子どもや保護者に直接的に働きかける活動を意味します。人々の問題解決の力を支えるための問題の発見、問題の評価（アセスメ

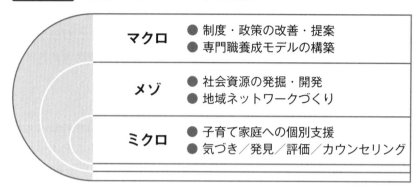

図表2-2 保育ソーシャルワークの機能

マクロ	● 制度・政策の改善・提案 ● 専門職養成モデルの構築
メゾ	● 社会資源の発掘・開発 ● 地域ネットワークづくり
ミクロ	● 子育て家庭への個別支援 ● 気づき／発見／評価／カウンセリング

ント)、カウンセリング、具体的なサービスなどの提供（援助）、**代弁**や**エンパワメント**などが含まれます。

2 メゾ

　ミクロの直接的な援助が効果的に実践されるための間接的な働きを指します。人々と社会資源、保育などを含む医療・保健・福祉サービス、制度を結びつけることや人々のつながりを強くするための地域づくりなどがあります。保育所組織を強化（チームワークや役割分担）し、ほかの関係機関と連携を図り、援助のつながりをつくるといったネットワークの機能などが含まれます。保育所を中心に地域社会における**子育て文化を醸成**させることなども保育ソーシャルワークのメゾ的機能です。

3 マクロ

　ミクロ、メゾの援助が効果的に実践されるための間接的な働きを指します。保育、子ども・子育てに関する**制度や政策を発展**させ改善することで、具体的には自治体や都道府県、国の政策分析を行い、新たな政策提案について議員などを通して行います。また、近年の保育者のキャリアアップ制度など専門職の人材育成、研修などが含まれます。

　保育者の日々の業務は、子どもと保護者に直接的に働きかけるミクロ機能が中心になります。子育て家庭の何らかの生活上の課題に気づいたり、保護者の申し出によって明らかになったりした場合には、ミクロ機能に加え、メゾ機能そしてマクロ機能が期待されることは理解できると思います。保育ソーシャルワークの機能を理解することにより、日々の保育活動や相談援助活動の視野を広くもつことができるでしょう。

補足

代弁
利用者のニーズを利用者に代わって支援者などが行政や団体に伝える行為。
→レッスン3

エンパワメント
利用者の力が発揮できるように働きかけること。能力付与。
→レッスン1

補足

子育て文化の醸成
地域の人々が子どもの育ちに関心をもち、子育てを応援していこうとする意識が高まること。世代を超えて連帯（つながる）していく動きを指す。

制度や政策の発展
1つ目には、待機児童、保育士不足の解消など、直近の問題を解決すること、2つ目には、直近の問題を解決することが将来的な子どもの成長に有効な取り組みであることを見据えることである。

演習課題

1. 不適切な養育や虐待が疑われる保護者に保育ソーシャルワークを展開する場合、基本となる保育者の考え方について保育ソーシャルワークの原理を参考にしながら話し合ってみましょう。
   ①このレッスンで取り上げたインシデントを参考にして、想定事例を考えてみましょう。
   ②このレッスンで学んだ保育ソーシャルワークの原理をいくつか取り上げ、原理に照らして保育所でできる援助を考えてみましょう。

〈想定事例〉

〈取り上げた原理〉
・
・
・

〈保育所でできる援助〉

2. 子どもの発達が気になる場合、保育ソーシャルワークの機能に照らし合わせて、保育者の役割や動き方について話し合ってみましょう。
   ①ミクロレベル

   ②メゾレベル

   ③マクロレベル

レッスン3
保育ソーシャルワークの価値と倫理

このレッスンでは保育ソーシャルワークの基本的な考え方について、専門職としての価値や専門職倫理をとおして学びます。まず、「全国保育士会倫理綱領」をもとに保育士の専門職倫理を学びます。また、仕事をするうえで起こる倫理的ジレンマとその解決過程について解説します。

1. 専門職の価値と倫理とは

1 専門職としての価値と専門職倫理

2017（平成29）年告示、2018（平成30）年施行の「保育所保育指針」には、「保育所における保育士は、児童福祉法第18条の4の規定を踏まえ、保育所の役割及び機能が適切に発揮されるように、倫理観に裏付けられた専門的知識、技術及び判断をもって、子どもを保育するとともに、子どもの保護者に対する保育に関する指導を行う[1]」と示されています。

保育士に限らず、専門職、特に医療、看護、福祉、教育、心理などの対人援助の領域においては、それにふさわしい専門的な知識と専門的な技術、そして専門職倫理を有することが求められます。

専門職倫理は、厳密には専門職としての価値と専門職倫理に区別されます。専門職としての価値は、専門職のもつ信念であり、職務を行う際の羅針盤となるものです。そして、専門職倫理は、専門職としての価値を実現するための行動規範であり、専門職として正しい、望ましい行動の指針です。このように後者は前者よりも具体的で、これらは保育実践や子育て支援における判断の基準や行動の規範となるものです。

2 専門職としての価値や専門職倫理の必要性

専門職は、その専門性に基づいた高度な知識と技術をもっていればよいと思われがちですが、なぜ専門職としての価値や専門職倫理が必要なのでしょうか。それは、専門職の仕事が他人の尊厳、生命、生活や人生に大きな影響を与えるためです。そのため仕事をするときに、個人的な価値観や感情ではなく、専門的な価値観に基づく判断が必要とされるのです。

専門職の知識や技術は、極端にいえば悪用できます。保育士に関して

▶出典
†1 「保育所保育指針」第1章「総則」1「保育所保育に関する基本原則」(1)「保育所の役割」エ

いえば、子どもを大人の都合でコントロールすることができます。さらに、保育士の個人的な価値観や感情で子どもと接し、子どもを傷つけることもあります。そのため専門職には、その専門的な知識や専門的な技術を「何のために」「どのような基準で」「どのように」用いるのか、つまり専門職としての規範や判断基準、基本的態度が問われるのです。それを明確にしているのが、専門的な価値であり専門職倫理なのです。

保育ソーシャルワークにおいては、保育専門職の価値や倫理、ソーシャルワーク専門職の価値や倫理を押さえる必要がありますが、ここでは保育専門職である保育士の専門職としての価値と、専門職倫理を中心に述べます。

2. 保育士の専門職としての価値

保育士は専門職として、どのような価値を有しているのでしょうか。「全国保育士会倫理綱領」の前文では、「すべての子どもは、豊かな愛情のなかで心身ともに健やかに育てられ、<u>自ら伸びていく無限の可能性を持っています</u>。私たちは、子どもが現在(いま)を幸せに生活し、未来(あす)を生きる力を育てる保育の仕事に誇りと責任をもって、<u>自らの人間性と専門性の向上</u>に努め、<u>一人ひとりの子どもを心から尊重</u>し、次のことを行います」と記載されています(下線は筆者)。

この文章の下線部から抽出される保育士の専門職としての**価値**は、「子どもの尊重」と「変化の可能性の尊重」「専門的力量」といえるでしょう。

「子どもの尊重」とは、すべての子どもを出自・性別・年齢・身体的精神的状況・社会的地位・経済状況などの違いにかかわらず、かけがえのない存在として尊重することを意味します。「変化の可能性の尊重」とは、子どもは変化、成長、向上する可能性をもっている存在であり、主体的に生きる子どもの力を信じることを意味します。「専門的力量」とは、保育士が専門性を発揮して、その専門性を高めることを意味します。

この3つの価値は、保育士が仕事をする際に専門職として大切にしなければならない信念でしょう。同時に、保育に限らず子育て支援においても適用される信念といえます。

また、アメリカの保育者の専門職組織である**全米乳幼児教育協会(NAEYC)**＊の倫理綱領では、専門職としての価値として以下の7つをあげています。

◆補足
価値
レッスン2第5節「保育ソーシャルワークの原理」も参照。価値と原理は類似した概念であるが、厳密には異なる。ただし、本書ではほぼ同じ内容のものとして取り扱う。

＊用語解説
全米乳幼児教育協会(National Association for the Education of Young Children：NAEYC)
1926年に設立されたアメリカ最大の保育関係者による非営利専門職組織である。

①人間のライフサイクルのなかで、ユニークで価値ある時期として、子ども期を正しく認識する。
②子どもの発達と学習に関する知識（子どもはどのように発達するか、そして学ぶか）を、われわれの職務の基礎とする。
③子どもと家族の絆を正しく認識し、援助する。
④子どもは、家族、文化、地域、社会の文脈のなかで、最もよく理解され、援助されることを認識する。
⑤一人ひとりの個人（子ども、家族成員、同僚）の尊厳、価値、独自性を尊重する。
⑥子ども、家族成員、同僚のなかで多様性を尊重する。
⑦誠実と敬意を基盤とした関係を背景にして、子どもと大人は、その可能性を最大に発揮できることを認識する。

これらは前述した「子どもの尊重」と「変化の可能性の尊重」を含みつつ、より具体的な項目として書かれています。そして、後述する「全国保育士会倫理綱領」に示される専門職倫理と似ていますが、保育士はこれらの価値を内面化させ、保育や子育て支援に取り組む必要があります。．

3. 保育士の専門職倫理

1 保育士に関わる倫理綱領

保育士に関わる倫理綱領には、保育所保育士については、後述する「全国保育士会倫理綱領」があります。保育所以外の児童福祉施設については、乳児院では「乳児院倫理綱領」が、児童養護施設では「全国児童養護施設協議会倫理綱領」があります。

それぞれの倫理綱領の表記のしかたや文言の違いはありますが、共通する専門職倫理には、**子どもの最善の利益**の考慮、基本的人権の尊重、子どもの発達の支援、家庭や保護者との関係性を大切にすることなどがあります。

参照
子どもの最善の利益
→レッスン7

2 保育所保育士の専門的倫理「全国保育士会倫理綱領」

保育士の専門職倫理は、2003（平成15）年に「全国保育士会倫理綱領」（図表3-1）が策定され、全国社会福祉協議会と全国保育協議会と全国保育士会によって採択されました。さらに、翌年には解説書にあたるガイドブックが刊行されています（のちに改訂版が刊行されています）。

図表3-1　全国保育士会倫理綱領

全国保育士会倫理綱領

　すべての子どもは、豊かな愛情のなかで心身ともに健やかに育てられ、自ら伸びていく無限の可能性を持っています。

　私たちは、子どもが現在（いま）を幸せに生活し、未来（あす）を生きる力を育てる保育の仕事に誇りと責任をもって、自らの人間性と専門性の向上に努め、一人ひとりの子どもを心から尊重し、次のことを行います。

　　私たちは、子どもの育ちを支えます。
　　私たちは、保護者の子育てを支えます。
　　私たちは、子どもと子育てにやさしい社会をつくります。

（子どもの最善の利益の尊重）
1. 私たちは、一人ひとりの子どもの最善の利益を第一に考え、保育を通してその福祉を積極的に増進するよう努めます。

（子どもの発達保障）
2. 私たちは、養護と教育が一体となった保育を通して、一人ひとりの子どもが心身ともに健康、安全で情緒の安定した生活ができる環境を用意し、生きる喜びと力を育むことを基本として、その健やかな育ちを支えます。

（保護者との協力）
3. 私たちは、子どもと保護者のおかれた状況や意向を受けとめ、保護者とより良い協力関係を築きながら、子どもの育ちや子育てを支えます。

（プライバシーの保護）
4. 私たちは、一人ひとりのプライバシーを保護するため、保育を通して知り得た個人の情報や秘密を守ります。

（チームワークと自己評価）
5. 私たちは、職場におけるチームワークや、関係する他の専門機関との連携を大切にします。
　また、自らの行う保育について、常に子どもの視点に立って自己評価を行い、保育の質の向上を図ります。

（利用者の代弁）
6. 私たちは、日々の保育や子育て支援の活動を通して子どものニーズを受けとめ、子どもの立場に立ってそれを代弁します。
　また、子育てをしているすべての保護者のニーズを受けとめ、それを代弁していくことも重要な役割と考え、行動します。

（地域の子育て支援）
7. 私たちは、地域の人々や関係機関とともに子育てを支援し、そのネットワークにより、地域で子どもを育てる環境づくりに努めます。

（専門職としての責務）
8. 私たちは、研修や自己研鑽を通して、常に自らの人間性と専門性の向上に努め、専門職としての責務を果たします。

社会福祉法人全国社会福祉協議会
全国保育協議会
全国保育士会

　この綱領は、前文と8つの条文、すなわち、①子どもの最善の利益の尊重、②子どもの発達保障、③保護者との協力、④プライバシーの保護、⑤チームワークと自己評価、⑥利用者の代弁、⑦地域の子育て支援、⑧専門職としての責務から構成されています。8つの条文が保育士の専門職倫理を表しています。

①子どもの最善の利益の尊重

子どもの最善の利益の尊重は、保育士にとって最も重要な判断基準であり行動原理です。すなわち、保育専門職である保育士は、子どもの福祉や成長・発達にとって、何が最もよいのかを考えながら仕事をしなければならないのです。そのためには、子どもを一人の人間として尊重し、人権への配慮を怠らないことや、子ども一人ひとりの人格を尊重し、一人ひとりの発達状況などに応じて援助をすることが求められます。さらに、子どもの現在と未来の福祉、成長・発達に目をむける長期的な視点や、子どもを取り巻く家庭や地域といった環境にも目をむける視点も必要とされます。

②子どもの発達保障

保育士の専門性の一つは、養護と教育が一体となった保育をとおして、子どもの発達を援助することです。そのために、発達に関する知識をもとにして、日々の子どもたちとの関わりから子ども一人ひとりの発達状況や特徴を把握しなければなりません。そのうえで、子どもにとって安全かつ快適で、安心して生活できるように配慮するとともに、子どもが集中して遊んだり、夢中になって遊んだりできる環境を構成し、援助することが求められます。

③保護者との協力

乳幼児期における子どもと保護者の関係の重要性や、子どもの生活の連続性を考慮すれば、保育において保護者との協力関係は不可欠です。

そのために、まずは親子関係の重要性を認識する必要があります。そして、日々の保護者とのコミュニケーションをとおして、家庭の状況を理解することや、保護者の意向を受け止めて尊重することが求められます。同時に、保育士が子どもや保育に関する情報提供を行うことで、相互の理解を図らなければなりません。このような相互のやりとりをとおして、保護者とともに情報を共有し、子育てに関する協力体制を築いていくのです。

④プライバシーの保護

プライバシーの保護は、私生活をみだりに公開されない権利とされ、親子にとって基本的な権利です。保育士は仕事のなかで、子どもや保護者のプライバシーを知り得る立場にあるので、プライバシーの保護に十分に留意しなければなりません。

そのために、保育士は知り得た情報や秘密を口外しない「秘密の保持」を徹底する必要があります。さらに、児童票、各種申請書、名簿、連絡帳、写真などの親子に関する個人情報を適切に取り扱い、それらを外部

に漏らしたり、悪用したりしないように慎重な取り扱いが求められます。
　また、「児童福祉法」第18条の22では、「保育士は、正当な理由がなく、その業務に関して知り得た人の秘密を漏らしてはならない。保育士でなくなった後においても、同様とする」と守秘義務が定められており、違反した場合は罰則があります。

⑤チームワークと自己評価
　質の高い保育や地域子育て支援を展開するためには、保育所内外の連携や保育実践および子育て支援の自己評価が必要です。
　そのためには、保育所内では、会議や打ち合わせなどを通じてみずからの仕事内容や責任を明確にするとともに、保育所内での役割分担を明確にし、職員同士の協力体制を築くことが求められます。保育所外では、地域の人々や地域内の専門機関などを把握し、日頃から連絡を取り合ったり、その役割を理解したりすることが必要です。
　自己評価は、みずからの保育を「保育所保育指針」、各保育所の保育課程や指導計画に沿って、保育の計画→実践→評価→改善というプロセス（PDCAサイクル）で振り返ることが求められます。さらに保育所内で組織的に取り組むことで、みずからの課題をより明確にすることができます。

参照
PDCAサイクル
→レッスン7

⑥利用者の代弁
　言葉の発達など、乳幼児期の子どもの特性を考えれば、子どもが自分の思いやニーズを主張するのは困難です。したがって、保育士は子どもの立場で子どもの最善の利益を考え、子どもの権利を守るように努めなければなりません。また、保育所を利用する保護者や地域の子育て家庭の子育てニーズに対しても代弁する者としての役割が求められます。
　そのためには、まずは子どもの思いやニーズを的確に把握することが求められます。その思いやニーズを把握し、必要に応じて保育士が直接的に対応するのはもちろん、保護者や地域、関係する機関などにその思いやニーズを代弁することが求められます。
　さらに、保護者の子育てニーズや地域の子育て家庭の子育てニーズなどに対してもそれを把握するとともに、ニーズを満たすための取り組みや地域および行政、関係する機関との働きかけや連携が求められます。

⑦地域の子育て支援
　保育所は地域子育て支援の役割が明示されており、その拠点となることが期待されています。
　この役割を果たすためには、「チームワークと自己評価」で述べたように地域の専門機関を知っておくとともに、連携をすることが必要です。

その際、保育所の役割を明確にしなければなりません。さらに、「利用者の代弁」でふれたように地域の子育て家庭のニーズを把握し、必要に応じて各種機関などに働きかけることも求められます。

⑧専門職としての責務

質の高い保育や地域子育て支援を展開するためには、保育士が自分の専門性を高める必要があり、そのために自己研鑽に励まなければなりません。そのためには、まずは「チームワークと自己評価」で述べたように、一人ひとりの保育士が、自己評価をとおしてみずからの課題を明確にする必要があります。さらに園内研修や公開保育などをとおして、同僚や第三者の視点から自分の保育を評価することも求められます。また、最新の知識や技術などを学ぶために外部研修に参加することも専門性を高める手段といえます。

4. 専門職倫理と倫理的ジレンマ

1 倫理的ジレンマとは

仕事のなかで専門職倫理を守ろうとすれば、倫理的ジレンマが生じる可能性が高くなります。倫理的ジレンマとは、仕事をするなかで相反する複数の専門職倫理がぶつかり合い、どれを選択しても何かが犠牲になると考えられるとき、専門職がどのような決定を下せばよいか葛藤し、支援方針の決定が困難となることを意味します。

2 倫理的ジレンマの事例

ここでは、全米乳幼児教育協会の倫理綱領のガイドブック[†2]に示されている倫理的ジレンマの事例を取り上げ、「全国保育士会倫理綱領」の専門職倫理に当てはめながら、その対応プロセスを紹介します（なお、事例中の名前はイニシャルに変更しています）。

インシデント

Tさんは、「息子のK（3歳）を昼寝させないでほしい」と担任保育士のS先生に要求しました。Tさんは「Kが昼寝をしたときは、いつも夜中まで起きている。私は朝5時に起きて仕事に行くので、十分に睡眠がとれない」と話しました。Kくんはほかの子どもたちと一緒に、ほとんど毎日2時間弱の午睡をしています。S先生は、Kくんの午後の情緒的安定のためにも午睡は必要だと考えています。

▶出典

†2 Feeney, S. & Freeman, N.K., *Ethics and the Early Childhood Educator : Using the NAEYC Code*（Third Edition）, NAEYC, 2018, pp.52-58.

倫理的ジレンマの解決には、必ずしも正解があるわけではありません。
とはいえ、専門職として最も倫理的な判断を下すためには、一定のプロセスに沿って、同僚やほかの専門職と協議しながら、さまざまな角度から検討する必要があります。そのプロセスとは、具体的には以下の5つの段階になります。

①倫理的ジレンマを把握する。
②倫理的ジレンマに関する情報の収集をしながら、誰が自分の倫理的判断で、どのような影響を受けるかを把握し、関係者全員が満足する問題解決の方法を考える。
③②で解決しない場合、倫理綱領を参照しつつすべての選択肢を考え、そのメリットとデメリットを考える。
④③を評価し、方針を決定する。
⑤方針に基づいて実際に行動し評価する。

このプロセスに沿って、事例の倫理的ジレンマの対応をみていきましょう。

①倫理的ジレンマは、「全国保育士会倫理綱領」の条文のなかの「子どもの最善の利益の尊重」「子どもの発達保障」「保護者との協力」「利用者の代弁」の4つの項目が、保護者との協力とぶつかり合う状態です。
②影響を受けるのは、TさんとKくんです。問題を解決するために、まずS先生がTさんに午睡の重要性を説明し、家族の就寝時刻などについて情報収集をします。そのうえで、Tさんに夜は静かな活動をすることなどをすすめます。保育所では午睡時間の短縮、午睡時刻の変更、あるいは午睡なしで過ごすなどの解決方法を提案します。必要に応じて医師などに助言を受けることもありますが、話し合うなかで、折り合いをつけることができるかもしれません。
③選択肢は2つあります。1つは、S先生はKくんに午睡をさせないという決定です。その根拠は、睡眠不足で仕事をすることの大変さを理解し、保護者であるTさんの意向を尊重するためです。もう1つは、S先生がTさんの要求を尊重し

> つつもそれを断り、Kくんの午睡を継続することです。その根拠は、Kくんには、充実した生活のために休息が必要であるためです。つまり、子どもの利益や子どもの発達保障を最優先したことになります。どちらの選択肢にも根拠があり、またそれぞれに、いくつかのメリットとデメリットがあります。
> ④⑤選択肢から1つを選び、実行します。実行の際にS先生は関係者に対し誠実に説明し、話を聞く雰囲気づくりが重要となります。そして、その選択に基づいた内容が実施された後、S先生はその成果を評価しなければなりません。

　このように保育士は日々、複雑で難しい判断を迫られますが、専門職として仕事を行っていくためには、専門職としての価値や専門職倫理に対する理解を深め、自分のものとする努力が必要です。

　上記のことは、保育ソーシャルワークを展開するうえでも同様で、「全国保育士会倫理綱領」や日本社会福祉士会の「倫理綱領」に示される専門職倫理を内在化させる必要があります。さらに、保育ソーシャルワークでは子育て家庭の生活上の問題に関わるため、実践において倫理的ジレンマに直面しやすくなります。そのため、子どもの最善の利益を考慮しながら、このレッスンで示した対応プロセスを活用することが求められます。

演習課題

①日本社会福祉士会などほかの専門職団体の倫理綱領を調べてみましょう。
②実践をするうえで、自分が大切にしていることをリストアップし、それを「全国保育士会倫理綱領」や「日本社会福祉士会倫理綱領」などと照らし合わせてみましょう。
③現在、保育をするうえで葛藤していることを具体的に書き出し、「全国保育士会倫理綱領」を見ながら、どのようなジレンマが生じているかを確認しましょう。そのうえで、どのような解決策があるのかを考えて、話し合ってみましょう。

レッスン4

保育ソーシャルワークの視点

このレッスンでは、保育ソーシャルワークを行う際に保育者がもっておくべき視点について学びます。保育を行うときとソーシャルワーク（保育相談支援）を行うときの視点は、違いもありますが、共通点もあります。ここでは、全体性の視点とストレングスの視点について学びます。

1. 生活の全体性をとらえる視点

1 生活の全体性とは

生活の全体性とは、社会福祉援助の原理として**岡村重夫***が提唱した社会性の原理、全体性の原理、主体性の原理、現実性の原理の4つの原理から成り立つ考え方です。

社会福祉援助の原理
①社会性の原理…**クライエント**が抱える不安や悩みは、その人と社会との関係に何らかの問題が生じているために起こる。
②全体性の原理…クライエントを取り巻く社会関係は一つではなく、多数の社会関係が存在している。そのため、一面的な関わりでは不十分であり、全体が調和するよう援助する必要がある。
③主体性の原理…問題を解決していく主体はクライエント本人にある。
④現実性の原理…クライエントの抱えている問題は、すぐにでも解決が必要であり、社会制度やサービス利用をする際には、現実に即した形で、臨機応変に活用する。

出典：岡村重夫『社会福祉原論』全国社会福祉協議会、1983年をもとに作成

---

①社会性の原理

社会性の原理とは、クライエントが抱える不安や悩みは、その人と社会との関係に何らかの問題が生じているために起こっているという考え

人物

岡村重夫
1906〜2001年
社会福祉学者。岡村理論として知られる社会福祉学理論は、社会福祉固有の視点、固有の領域を強調することで、独自の体系を確立し、社会福祉の技術論が著しく進化することにつながった。

補足

クライエント
ソーシャルワークにおいては専門的な社会福祉のサービスを利用する個人、グループ、家族、コミュニティなどをいう。本文では個人を指し、保護者支援の場面では子どもではなく保護者を指すことが多い。

方をします。社会というと、ニュースや新聞にでていることを想像するなど、どこか遠いところにあるイメージが強く、日常生活のなかでは実感しにくいかもしれません。しかし「家族」社会、「学校」社会、「職場」社会、「地域」社会などのように、社会の前にキーワードをつけると、誰にとってもごく身近に存在するものであることがわかります。

②生活全体性の原理

生活全体性の原理とは、前述の社会性の原理でいう「社会」は、クライエントにとって多面的に存在しているという考え方です。援助者はクライエントの属する一つの領域だけではなく、生活の全体を視野に入れてクライエントの状況を把握し、関わりを行う必要があります。

③主体性尊重の原理

主体性尊重の原理とは、当然のことながら、問題を解決していく主体はクライエント本人にあるという考え方です。援助を受けているうちに、クライエントが依存的になったり、受け身になったりしてしまわないよう、関わる支援者の側も指導的・指示的にならないよう意識することが大切です。

④現実性の原理

現実性の原理とは、クライエントの抱えている問題は、すぐにでも解決が必要であり、社会制度やサービス利用を現実に即して活用する考え方です。そのため、ケースによっては制度やサービスがクライエントの問題を完全に解決できない場合や、利用できるサービスがそもそも存在しない場合もあります。

2 保育領域における全体性の視点の必要性

①保護者の保護者以外の顔（役割）に目をむける

保育者にとって保護者は、「お父さん」「お母さん」（以下、便宜上お母さんのみ表現します）以外の何ものでもないのですが、実際に家庭ではお母さんは夫からすると「妻」、子どもの祖父母からすると「お嫁さん」「娘」という側面があります。また、職場では「職員」「スタッフ」の一人であり、友人関係や趣味、地域では「〇〇さん」と呼ばれるなど、いくつもの顔（役割）をもっています。その一つひとつのすべてがその人を形づくる大切な要素となっています。保育ソーシャルワークの場面では、意識して保護者の保護者以外の顔に目をむけ、理解するようにしましょう。

保育者が日々接している「〇〇ちゃんのお母さん」を保護者以外の存在としてとらえることは、必要性を理解していても実際には難しいのが

参照
生活全体性の原理
→レッスン2

参照
主体性尊重の原理
→レッスン2

現状です。保護者に対する保育者の意識を切り替え、ほかの面に目をむけるための具体的な取り組みとして、その保護者の全体を把握するための情報収集から始めます。

②家庭が抱える子育て以外の問題に目をむける

クラスのなかの子どもたちを見ていると実感しにくいかもしれませんが、子どもたち一人ひとりが育つ家庭環境はとても多様です。なかには家庭が問題を抱えていることで、子どもの育ちにさまざまな影響がでることがあります。

その問題の内容もさまざまであり、子育てに関することもあれば、子育て以外の問題もあります。さらにいえば、子育て以外の問題が根本的な要因となり、子育てに深刻な影響がでている場合もあります。つまり、子育ての問題を解決するためには、子育て以外の問題に目をむけて援助を行わない限り、解決には結びつかないこともあります。

ただし、保育者がこれらの問題すべてを解決することはできないでしょう。子どもに影響を及ぼしている問題がどこにあるかを探り、その問題を解決できる機関や人に「つなぐ」ことが大切です。

3 保育領域における全体性を理解するためのキーワード

①家族関係

1 の「①社会性の原理」でも述べたように、「家族」社会は子どもにとって最も身近な存在です。昨今は家族形態も多様化・複雑化しています。たとえば、ひとり親家庭や単身赴任家庭など、誰もサポートしてくれる存在がいない、いわゆる「ワンオペ育児*」の問題が社会的に注目されています。内縁・事実婚、また再婚によるステップファミリーの家庭も増えています。これらは状態そのものが問題なのではなく、何らかの出来事をきっかけに問題が生じるリスク要因として留意するキーワードとなるでしょう。

また実際に、夫婦不和、嫁姑間など家族間のトラブル、DV（ドメスティック・バイオレンス）など深刻な事態が起こっている場合もあります。家族内でトラブルを抱えると、子どもや子育てに大きな影響を及ぼしますので、保育者は日頃から家庭関係に留意する必要があります。

②仕事と育児の両立

2015（平成27）年時点で仕事をもっている主婦は、専業主婦の約1.6倍となっています[†1]。1980（昭和55）年の時点では、専業主婦が仕事をもっている主婦の1.8倍であったことを考えると、女性の社会進出は確実にすすんでいます。

※ 用語解説
ワンオペ育児
ワンオペとは、ワンオペレーションの略。1人で仕事、家事、育児のすべてをこなさなければならない状態を指す。

参照
DV（ドメスティック・バイオレンス）
→レッスン1

▶出典
†1 内閣府『男女共同参画白書 平成28年度版』2016年

約1割の母親は、仕事と家庭生活とのバランスがとりにくく、シングルマザーの約2割は仕事と育児の両立が厳しい状況にある「**ワークライフコンフリクト**＊」の状態にあると考えられています†2。

③保護者のメンタル（精神的）不調

医療機関への受診・未受診を問わず、保護者のメンタル（精神的）不調は子育てに直接的・間接的な影響を及ぼします。状態は日々変化するため、保護者の状態に問題のないときから支援が必要になるときまでさまざまです。支援の程度も、見守りレベルから介入が必要なレベルまで、そのときどきによってさまざまです。場合によっては、家族や周囲の関係者とも情報共有や連携を行う必要があります。そのためにも、子どもだけでなく保護者の変化をいつも注意深く見守ることが必要です。

④子どもの貧困

子どもの貧困率が13.9%（2015〔平成27〕年度時点）であるということは、約7人に1人は貧困状態にあるということです†3。たとえば保育所の20人クラスであれば約3人、30人クラスであれば約4人が存在する計算になります。これだけ貧困が身近なところで起こっているにもかかわらず、気づきにくいのが現状です。なぜなら多くの場合、食べ物がない、家がないなどの人間として最低限の生存を維持することが困難な状態である絶対的貧困ではなく、その国の文化水準、生活水準で当たり前に行われていることができない、つまり**相対的貧困**状態にあるためです。

ある調査では、乳幼児の場合、低所得者層の家庭では高所得者層の家庭に比べて食事内容に偏りがある、習い事の数が少ない、自己負担となる予防接種が未接種であることが多いなどが明らかになっています。

加えて、貧困は目に見えることだけでなく人間関係にも影響を及ぼします。①で述べた家族関係も例外ではなく、親子関係においては子育てに不可欠である時間や情報、ゆとりが奪われ、子育ての意欲低下、不適切な養育につながることもあります。

2. 子ども・家庭の強さをとらえる視点

1 強さ（ストレングス）

①強さ（ストレングス）とは

強さは「ストレングス」と表現されます。ストレングスはソーシャルワーク領域で大変重要なキーワードで、「強さ、力」「強み、長所」「（精神的）力、知力、能力、道徳心、剛気、勇気」「抵抗力、耐久力、

用語解説
ワークライフコンフリクト
労働者が仕事と生活の調和を図るにあたり、希望を満たすことができないという葛藤。

出典
†2 独立行政法人労働政策研究・研修機構「子育てと仕事の狭間にいる女性たち――JILPT子育て世帯全国調査2011の再分析（労働政策研究報告書）」2013年

参照
子どもの貧困
→レッスン6

出典
†3 厚生労働省「平成28年国民生活基礎調査の概況」2017年

補足
相対的貧困
OECDでは、等価可処分所得（世帯の可処分所得を世帯人数の平方根で割って算出）が、全人口の中央値の半分未満の世帯員を「相対的貧困者」としている。衣食住にも事欠く状況を「絶対的貧困」としている。

強度」「頼り、支え」を意味します。ストレングスは個人だけではなく、家族、コミュニティなどの個人を取り巻く環境にもあります。そして、ストレングスは常に生まれ、発達していきます。

②**ストレングスの種類**

個人のストレングスと環境のストレングスの2種類があります。

ストレングスの種類

個人……人柄や個性、才能、技能、生活に抱く願望や抱負、興味、望ましい生活習慣の継続、経験、経験からくる自負など

環境……制度的環境、経済的環境、人的環境、住環境など

出典：ラップ、チャールズ・A.、ゴスチャ、リチャード・J.／田中英樹監訳『ストレングスモデル──リカバリー志向の精神保健福祉サービス［第3版］』金剛出版、2014年をもとに作成

個人のストレングスは後述しますが、人柄や個性、才能、技能、生活に抱く願望や抱負、興味、よい生活習慣の継続、経験、経験からくる自負などを指します。

環境のストレングスとは、たとえば、「○○市の病児保育は早朝から受け入れを行っているため、仕事がどうしても休めないときに利用しやすい」「給与だけでなく子育ての手当や医療費の給付がある」「職場に子育て中の職員が多く、助け合いながら仕事と子育ての両立ができている」「家から保育所が近い」など、制度的環境、経済的環境、人的環境、住環境など、その人のもっている資産、人間関係、近隣の地域資源などその人の外にあって活用することのできるものを表します。

③**子どものストレングス**

個人のストレングスを子どもで考えた場合、たとえば「素直」「集中力がある」「クラスのムードメーカーである」「（離乳食の導入を前に）食べることに興味がでてきた」「寝つきがいい」「小さい子の面倒をみる」などがあげられますが、ストレングスという言葉を意識するかしないかを問わず、保育者は日頃の関わりをとおして、子ども一人ひとりの強さをよく把握しています。

④**家庭のストレングス**

保護者についても、保育者は日々の会話や連絡帳などのさまざまなコミュニケーション、もしくは子どもの話す内容などから理解を深めています。それは、たとえ保育所の送迎に来ることのない家族であっても一

定の情報をもっている場合がほとんどです。

たとえば、「明るい」「フットワークが軽い」「子どもに保育所で楽しく過ごしてもらいたいと願っている」「子どもの教育に熱心」「早寝早起きのリズムを大事にしている」「（下の子どもの場合）1人目の育児経験がすでにある」など、個人としてのストレングスに加えて、「平日の帰宅時刻が遅い夫（父親）であるが、休日は子どもの面倒をみることで、妻（母親）は家事や用事をすませることができる」「子どもの体調不良時には近所に住んでいる祖母が育児支援をしている」など、夫婦や家族単位での強さもあります。

2　ストレングスに対する保育者の役割

①ストレングスをみつける

問題を抱えている子どもや家庭を支援する場合、どうしても問題になっている部分やマイナス面に意識がむけられがちですが、意識して個人や環境がもつ肯定的な側面、つまりストレングスに目をむけることが大切です。そのストレングスを見いだすためには、保護者による語りと保育者の聞く（聴く）姿勢が重要です。さらにその内容に対してストレングスを発見するための保育者のアセスメント力が求められます。

②ストレングスを育てる

現在すでにある子どもや保護者のストレングスを認め、高めていくことと同時に、潜在的にもっているストレングスについても保育者は育てる役割があります。難しく感じるかもしれませんが、「保育所保育指針」で保育の目標として掲げられている「子どもが現在を最も良く生き、望ましい未来をつくり出す力の基礎を培う[†4]」ことは、ストレングスを高める、育てることにほかなりません。つまり、保育実践はストレングスを育む営みそのものであり、保育士の高い専門性が発揮できる役割といえます。

家庭に対しても保育者は同様の役割を担いますが、保護者との対話をとおしてストレングスに対する気づきを促し、さらに新たなストレングスを引き出します。

③ストレングスを発揮できる環境を整える

しばしば保護者は、不安や悩みを抱えることにより、そのストレングスを発揮することができなくなり、解決しようとする意欲すら低下してしまうことがあります。その場合、保育者は環境面を整え、保護者が問題解決にむけて主体的に取り組むためのサポートを行う必要があります。

▶出典
†4 「保育所保育指針」第1章1（2）「保育の目標」ア

インシデント　保育所における援助事例

　Aくんは、年少クラスに通う3歳の男の子です。母親のBさんは小学生のCくんとAくんの子育てをしながら、近所に住む実母のDさんの介護をしています。

　夏休みの直後、クラスの子とささいなことでけんかになり、Aくんが相手の子にかみつくということが、たびたびありました。そして、かみつかれた子どもの保護者からBさんに苦情の電話があり、困り果てたBさんは信頼している担任のE保育士に相談しました。E保育士は家庭の状況について、ていねいに聞き取りをしました。最近、実母のDさんが自宅で転倒して足が不自由になったこと、そのため、Bさんの介護の負担がより大きくなり、AくんやCくんと一緒に過ごす時間が少なくなっているということでした。Bさんは、パートで働きながら育児と家事、介護による疲労が重なっていること、ときどき子どもたちに感情的になってしまうことなど、保育士に涙を浮かべながら話しました。

　そこで、E保育士はBさんの意思を確認したうえで、園長や主任とケース会議を開きました。Aくんのけんかの背景には、Bさんの介護負担が大きくなり、子どもと関わる時間が少なくなっていることがあり、Aくんの情緒が不安定になっていることが見立てとして推測されました。また、父親の帰宅時刻も遅く家庭内での支援も考えにくい状況から、介護のサービス利用について提案し、保育所も可能な範囲で支援することになりました。

　後日、E保育士が保育所と同じ社会福祉法人の運営する地域包括支援センターに問い合わせた結果、介護保険サービスが利用できることになり、Bさんの介護負担が軽減されました。

　E保育士はその後も、ことあるごとにBさんに声かけを行い、経過を見守りました。Bさんは、子どもとしっかりと関わる時間がもてるようになり、Aくんはしだいに落ち着きをみせてきました。E保育士がトラブルになったときの対処を教えた効果も表れ、けんかやかみつき行動もしだいになくなりました。

3　事例にみる全体性の視点、強さをとらえる視点

①全体性の視点

　この事例における母親のBさんは、子どもたちの「母親」以外に「娘」として実母のDさんを介護しています。そしてパート「職員」としての顔もあります。つまり、子育て以外に、家事、仕事、介護と複数の役割

をもち、加えてAくんの父親は帰宅が遅いため、一人で育児をすべて担っている「ワンオペ育児」状態でした。Aくんの担任であるE保育士は、全体的な視点でBさんの状況をとらえ、Dさんの転倒をきっかけにBさんの4つの役割のバランスが変化していること、そのうえ、疲労感が大きく増していることがAくんの情緒不安定につながっているとアセスメント（見立て）しました。

一見すると、子ども同士の頻繁に起きるけんかやかみつき行動の背景に介護問題があったとは、保育所が日常的に把握している情報だけでは気づきにくいかもしれません。保育士が母親との面談のなかで、しっかりと子育て以外の家庭状況についても聞き取りを行ったことが問題解決につながったと考えられます。

②強さ（ストレングス）をとらえる視点

この事例では、BさんとE保育士の間には信頼関係がすでにできていたことが強みとなり、母親であるBさんが担任であるE保育士に相談しています。Bさんが「個人のストレングス」として、困っていることを他者に相談できる力をもっていたことも確認できます。また、ていねいに母親からの聞き取りを行ったE保育士の存在は、人的環境としての「環境のストレングス」ともいえます。

アセスメントを行うなかで、かみつき行動の背景にある介護問題に気づいたE保育士は、Aくんの「大好きな母親に、これまでのように自分に目をむけてほしい、関わってほしい」という願いをくみ取り、以前のようにBさんが「Aくんや長男のCくんに対して、愛情豊かに接していた」状態に戻るためには、母親の介護負担を軽減する社会制度を利用することが問題解決につながると考えました。

しかし、育児や介護、仕事で疲弊しているBさんがみずから情報収集を行ったり、相談にでかけたりする意欲や時間的余裕がなく、E保育士は同じ社会福祉法人がもつサービスにつなぐ役割を担っています。まさに、ストレングスを発揮できる環境を整える支援といえるでしょう。

その結果、Bさんは地域包括支援センターの支援も得ながら、介護サービスを利用する手続きを行い、主体的に問題解決ができるようになりました。その後も、E保育士はBさんに積極的に声かけを行い、状況を見守ったり、励ましを行ったりすることでBさんのストレングスを維持し、高めていく役割を担い続けました。もちろんAくんの保育をとおして、Aくんの支援を行っていることは、いうまでもありません。このようなE保育士の子どもと家庭のストレングスを大切にする関わりによって、問題解決に至ったと考えられます。

最後に、今回の事例のような育児と介護を同時に行うダブルケアは、近年の社会問題になりつつあります。保育者は子どもや保護者を理解するために、保育を取り巻く社会問題についても広く知っておくことが大切です。そのためにも、ふだんから新聞などのニュースに目をとおしておくことが望ましいでしょう。

演習課題

①子育てに影響を与える子育て以外の問題とは、キーワードであげた以外にどんなものがありますか。グループで話し合ってみましょう。
②あなた自身の個人のストレングス、環境のストレングスについて、考えられる限り紙に書き出してみましょう。
③問題を抱えている家庭を支援する場合、もし問題になっている部分やマイナス面ばかりに目がむけられると、どんな支援になってしまいますか。グループで話し合ってみましょう。

参考文献……………………………………………………………………

レッスン1
柏女霊峰・橋本真紀編著　『保育相談支援［第2版］』　ミネルヴァ書房　2016年
黒木保博・山辺朗子・倉石哲也編著　『ソーシャルワーク』　中央法規出版　2002年
三輪律江・尾木まり編著　『まち保育のススメ』　萌文社　2017年
湯浅誠　『どんとこい、貧困！』　理論社　2009年

レッスン2
大竹智・倉石哲也編著　『社会福祉援助技術』　ミネルヴァ書房　2008年
厚生労働省　「ソーシャルワークに対する期待について（第9回資料）」　社会保障審議会福祉部会・福祉人材確保専門委員会　2017年

レッスン3
柏女霊峰監修、全国保育士会編　『改訂版　全国保育士会倫理綱領ガイドブック』　全国社会福祉協議会　2009年
Feeney, S. & Freeman, N.K., *Ethics and the Early Childhood Educator : Using the NAEYC Code*（Third Edition）, NAEYC, 2018.

レッスン4
岡村重夫　『社会福祉原論』　全国社会福祉協議会　1983年
黒木保博・山辺朗子・倉石哲也編著　『ソーシャルワーク』　中央法規出版　2002年
厚生労働省　『平成28年国民生活基礎調査の概況』　2017年
佐久川政吉・大湾明美・宮城重二　「高齢者ケアにおけるストレングスの概念」『沖縄県立看護大学紀要』第11号　2010年　65-69頁
鶴宏史　『保育ソーシャルワーク論——社会福祉専門職としてのアイデンティティ』　あいり出版　2009年
独立行政法人労働政策研究・研修機構編　『子育てと仕事の狭間にいる女性たち——JILPT子育て世帯全国調査2011の再分析（労働政策研究報告書）』　2013年

内閣府 『平成28年版男女共同参画白書』 2016年
中村強士 「保育所保護者における貧困と養育態度——名古屋市保育所保護者への生活実態調査から」『日本福祉大学社会福祉論集』第133号 2015年 17-27頁
西日本新聞 「低所得、乳幼児にも格差」 2016年2月2日付
山縣文治・柏女霊峰編集委員代表 『社会福祉用語辞典［第9版］』 ミネルヴァ書房 2013年
ラップ、チャールズ・A.、ゴスチャ、リチャード・J.／田中英樹監訳 『ストレングスモデル——リカバリー志向の精神保健福祉サービス［第3版］』 金剛出版 2014年

おすすめの1冊

鶴宏史 『保育ソーシャルワーク論——社会福祉専門職としてのアイデンティティ』 あいり出版 2009年

保育ソーシャルワークは、保育と福祉という2つの学問領域から成り立っているため、実践者の職業アイデンティティにより視点が異なる。本書は、その"ズレ"と原因について鋭く指摘しているが、出版から9年が経過する今なお、そのズレは解消されているとはいえない。問題の根深さを改めて実感するとともに、早くから問題提起を行った筆者の慧眼に気づかされる。

コラム

ストレングス・モデルの第一歩は「いいところ探し」

　筆者は、ソーシャルワーカーとして保護者支援や保育者・教育者支援を行うなかで、「褒め上手」だといわれます。決して自分では「褒めて」いるつもりはありませんが、話を聞いていると、どんなに困難な事例であっても、必ずクライエントのよいところ、その人を取り巻く環境のよいところ、あるいは相談者が保育者や教育者の場合には関係者同士のすばらしい関わりがみえてきます。その部分を率直にお伝えするところから支援は始まります。できるだけ具体的に、どこがどんなふうにすばらしいかをお伝えするようにしています。

　そうすると驚いた表情をされることもありますし、ホッとした表情をされることもあります。困難なケースであればあるほど、厳しい意見をいわれるのではないかと身構えている方もいらっしゃるようですが、まず「いいところ」(ストレングス)から伝えることで、信頼関係ができていくという確かな実感があります。そして、初回だけでなく、毎回の面談のなかで繰り返し「すてきだな」と感じたことや変化がみえた部分に対して「すごいです！」と伝えます。そのことがクライエントの自信につながります。

　主役はクライエントであるという気持ちが根底にありますから、クライエントの語りにひたすら耳を傾けます。そして、「いいと思います！」「それで大丈夫です」と励ましや承認の気持ちを伝え続けます。

　なかには、応援団のように寄り添い、見守り、「いいところ」を伝え続けることで、相談者が主体的に問題を解決されるケースもあります。「私が特に何もしないまま、ケースが終了したなぁ」と苦笑いすることもありますが、文字通り何もしていないのではなく、実はクライエントのストレングスを最大限に生かせた支援ができたのだとうれしくなります。

　ストレングス・モデルの第一歩は「いいところ探し」です。ぜひチャレンジしてみてください！

第2章

保育ソーシャルワークの方法

本章では、保育ソーシャルワークの具体的な方法や技術について学びます。保護者や家庭を支援するためには、援助技術、子育て支援の制度、「保育所保育指針」における子育て支援に関する項目への理解が必要です。本章で理解していきましょう。

レッスン 5　保育ソーシャルワークの方法（1）
レッスン 6　保育ソーシャルワークの方法（2）
レッスン 7　保育ソーシャルワークの方法（3）
レッスン 8　保育ソーシャルワークの技術（1）
レッスン 9　保育ソーシャルワークの技術（2）
レッスン10　保育ソーシャルワークの技術（3）

レッスン5

保育ソーシャルワークの方法（1）

このレッスンでは、保育ソーシャルワークの方法のうち子ども本人と保護者、子育て家庭への支援のうち個別援助技術などについて学びます。保育ソーシャルワークとして、専門性を生かしながら子どもや保護者、子育て家庭への支援をどのようにすすめていくのかミクロレベルについて考えていきましょう。

1. ミクロレベルでの保育ソーシャルワークの方法

1 子ども・保護者に対する保育ソーシャルワークの方法

　保育所における**ミクロレベル**での支援とは、保育所を利用する子どもとの日々の保育活動での関わりや、保育者が子どもの保護者に対して登園時や降園時、また行事や懇談会などの際に行う会話、日々の保育所と家庭との連絡帳のやりとり、保護者が必要とした際の子育てに関しての相談や助言をすすめるなどがあります。

　一方で、**保育ソーシャルワークをすすめる専門職**の一つにあげられる保育士は、「児童福祉法」第18条の4において、「保育士の名称を用いて、専門的知識及び技術をもって、児童の保育及び児童の保護者に対する保育に関する指導を行うことを業とする者」と定義されています。この条文を踏まえて先に述べた保育所におけるミクロレベルの支援としてあげられた、子どもの保育と、子どもの保護者に対する子育て支援という2つの支援は、法律に基づいて展開されていることがわかります。

　これらの支援をすすめるためには、保育者は子どもの成長や発達についての専門的な知識や技術を修得し、それらの知識や技術を用いながら支援することが求められます。また、保育者の役割として子どもと保護者の関係性の調整を行い、状況に応じて子どもや保護者の生活に介入し、それぞれの生活の実際に合わせてさまざま社会資源とつなげていく必要があります。

2 「保育所保育指針」における保育ソーシャルワーク

　このうち、子どもの保護者に対する支援については、たとえば2017（平成29）年改定の「保育所保育指針」の第4章で「子育て支援」の項目が設けられています[†1]。このなかで、保育所が子どもの保護者に対し

参照
ミクロレベル
→レッスン2

補足
保育ソーシャルワークをすすめる専門職
日本保育ソーシャルワーク学会では、「保育ソーシャルワークに関する専門的知識及び技術をもって、特別の配慮を必要とする子どもと保護者に対する支援をつかさどる者」と定義している。

出典
†1 厚生労働省「保育所保育指針」

て子育て支援をすすめる際には、保育者は一人ひとりの子どもの保護者の気持ちを受け止め、子どもと子どもの保護者との信頼関係を築いていくことを意識することが示されています。あわせて、子どもの保護者自身の気づきや保育者による助言や促しなどをもとに、保護者がこれからどのように子どもとむき合い子育てしていきたいのかなど、保護者自身の自己決定を尊重することが明記されています。この内容は、ソーシャルワークで大切にされる利用者の主体を尊重する関わりであり、日頃からていねいな関わりをすすめることにより、ときとしてさまざまな子育てに関する不安やとまどい、生活課題を抱えた際の子どもや子どもの保護者に寄り添った支援につなげることができます。

第4章　子育て支援
　保育所における保護者に対する子育て支援は、全ての子どもの健やかな育ちを実現することができるよう、第1章及び第2章等の関連する事項を踏まえ、子どもの育ちを家庭と連携して支援していくとともに、保護者及び地域が有する子育てを自ら実践する力の向上に資するよう、次の事項に留意するものとする。
1　保育所における子育て支援に関する基本的事項
(1)　保育所の特性を生かした子育て支援
ア　保護者に対する子育て支援を行う際には、各地域や家庭の実態等を踏まえるとともに、保護者の気持ちを受け止め、相互の信頼関係を基本に、保護者の自己決定を尊重すること。
イ　保育及び子育てに関する知識や技術など、保育士等の専門性や、子どもが常に存在する環境など、保育所の特性を生かし、保護者が子どもの成長に気付き子育ての喜びを感じられるように努めること。

　また、これらの視点は保育所における支援に限定されるものではなく、保育所以外の保育・福祉施設や子育て支援活動として大切にしなければならない視点であり、保育ソーシャルワークの展開としても共通する支援の姿勢であるといえます。

2. 保育ソーシャルワークの構成要素

　保育ソーシャルワークでは、子どもと保護者が抱える生活上の課題や福祉ニーズなどに対して、何に困っているのか（あるいは今後困る可能性があるのか）という内容について、専門職である保育者や支援者が具体的に整理し支援をすすめていきます。このため、保育者や支援者が支援展開を見据えてアセスメントしていくことが必要となります。

　ソーシャルワーク領域では、**クライエント**に対する**ケースワーク**[＊]を展開するにあたって、必要な構成要素について示しています。そのソーシャルワークの構成要素の整理として有名なものが、**パールマン**[＊]によって示された「4つのP」です。

〈4つのP〉
①人（Person）　　　：生活上で課題を抱えており、その課題解決にむけて援助を必要としている人（クライエント）。
②問題（Problem）　：そのクライエントが直面している、生活上の問題や課題（困りごとなど）。
③場所（Place）　　　：ソーシャルワークとして専門職（ソーシャルワーカー）が援助活動をすすめていく場所。
④過程（Process）　：ソーシャルワークとしてソーシャルワーカーがクライエントに対して展開する援助の流れ（過程）。

　上記の4つのPを参考に、ソーシャルワーカーはクライエントの生活上の課題を明らかにしながら、具体的にクライエントに対して誰が、どこで、どのように援助をすすめていくか、援助の全体像を描くことが必要です。そして、保育ソーシャルワークの場合、クライエントは子どもや保護者、家族となる場合が多く、生活上の課題については子どもの発達に関することや子育て不安、子どもと保護者との関係性、子育ての負担感、家庭の経済的な課題、地域住民との関係など生活の全体にわたるものが含まれます。

　なお、これらの支援をすすめるうえにおいて、子どもや保護者と保育

◆補足
クライエント
ソーシャルワークで支援を受ける「利用者」となる。保育の支援では、主に子どもやその保護者がクライエントになることが多い。
→レッスン4、11

＊用語解説
ケースワーク
ソーシャルワーク領域で、生活上の課題を抱える個人に対して展開される個別援助。日本語では個別援助技術という。

👤人物
ヘレン・ハリス・パールマン
（Perlman, H. H.）
1906〜2004年
アメリカのソーシャルワーク研究者。ケースワークおよびファミリーソーシャルワーク領域を中心に研究をすすめる。パールマンの4つのPはその後、専門職（Professional person）と制度（Provision）の2つが加えられた。

者や支援者との間にお互いの信頼関係（**ラポール**）がなければ、子どもと保護者の生活課題や思いなどを把握することはできません。このため、支援に先駆けて信頼関係を築いていくことが重要です。

参照
ラポール
→レッスン8

3. 子ども・保護者に関わる際に保育者・支援者が留意すべき点

それでは、保育ソーシャルワークにおいて、子どもやその保護者との信頼関係を構築するためには、具体的にどのような関わりがあげられるでしょうか。ソーシャルワーク領域の対人援助技術の基本として、取り上げられるのが**バイステック**＊による「対人援助の7原則」です。バイステックは、対人援助技術における信頼関係をつくるために必要な姿勢として、次の7つの原則を示しました（図表5-1）。

人物
フェリックス・P・バイステック
(Biestek, F. P.)
1912〜1994年
アメリカのソーシャルワーク博士。ロヨラ大学卒業後、イエズス会の司祭となった。

図表5-1 バイステックの対人援助の7原則

バイステックの7原則	保護者のニーズ	支援者の姿勢
1）個別化	一人の個人として迎えられたい。	保護者の生活環境を理解し個別の問題としてとらえ支援する。
2）意図的な感情表出	感情はありのままに表現したい。	保護者が自分の感情や思いを遠慮なく表現できるように支援する。
3）統制された情緒的関与	共感的な反応を得たい。	非難したり反論したりしない、あくまでも保護者を受け入れる支援。
4）受容	自分を受け入れてほしい。	保護者を価値ある人間として受け入れる。
5）非審判的態度	責められたり、一方的に非難されたくない。	一方的に相手の行動に対し説教したり、責めたり、よし悪しの判断をしない。
6）自己決定	問題解決を自分で選択し、決定したい。	保護者の問題やどうしたらよいかの欲求（希望）を明確化し見通しがもてるように支援する。
7）秘密保持	相談した内容は他人に知られたくない。	秘密を守ることは支援の基本であり、情報が漏れると信頼関係を損なう。

出典：永野典詞・岸本元気『保育士・幼稚園教諭のための保護者支援——保育ソーシャルワークで学ぶ相談支援』風鳴舎、2014年、72頁をもとに作成

保育ソーシャルワークの支援展開において、対人援助の7原則は、子どもやその保護者と関わり、信頼関係にむけた関係性をつくり上げていく際に大変重要な視点です。具体的には子どもや保護者に対して関わる際に、次のような点に留意して支援をすすめることが大切です。

- 子どもや子どもの保護者に関わる際には、ほかの人の悩みや課題と同じととらえることなく、一人ひとり固有の課題としてとらえたうえで、個別的な視点を基盤としてていねいに関わる。また、悩みや課題の解決の方法や過程（プロセス）も一人ひとり異なることを意識する〈個別化〉。
- 子どもや保護者が保育者に気がねなく何でも安心して会話することができ、このなかで喜びや楽しさ、怒りや悲しみといったさまざまな感情を表出してもらえるように、意図的に言葉かけを行う〈意図的な感情表出〉。
- 保育者は、子どもや保護者のどのような言葉や感情に対しても、その言動面のみに目をむけ感情面のみで同調や対抗をするのではなく、冷静に状況を整理し、みずからの感情をみつめたうえでコントロールできるように意識する〈統制された情緒的関与〉。
- 子どもや保護者のおかれている立場、生活などの環境、人間関係、抱いている感情や気持ちなど、あらゆる事柄について事実としてとらえ、保育者はそのままの姿を受け入れる〈受容〉。
- 子どもや保護者の状況、言動などについて、保育者がよい・悪い、正しい・誤っているなどの判断を下すことは、その子どもや保護者の生活の評価や批判につながるために避ける。そして、評価や意見を子どもや保護者に示すことがないようにする〈非審判的態度〉。
- 子どもや保護者の人生や生活は本人自身のものであり、これからの生活や行動がその本人により主体的に判断され決定することができるように保育者が働きかける〈クライエントの自己決定〉。
- 子どもや保護者に関するあらゆる情報、あるいは保育者に伝えられた秘密などは、その本人を特定することや、課題や困りごとなどが含まれたその本人の尊厳につながる内容である。このため、これらの情報を本人の同意なくむやみに他人（第三者）に話をしないようにする〈秘密保持〉。

保育者や支援者は、子どもと保護者の話にていねいに耳を傾けながら、相手の思いを感じ取ろうとする姿勢が重要です。つまり、子どもや保護者の発言を尊重しながら、一緒に考えていくという共感的態度を示しつつ関わることも信頼関係をつくり上げる一つであるといえます。

　このように保育者や支援者が意識しながら、子どもや保護者との関係性を積み上げていくことで、子どもや保護者が安心して保育者や支援者に気持ちを伝えられることが期待されます。

4. 保育ソーシャルワークの展開過程

　次に子どもや保護者からの相談をどのような流れですすめていくのかを示します。ソーシャルワーク領域では、ソーシャルワークの援助過程として、一般的に次のような流れですすめていきます。

〈ソーシャルワークの援助過程〉
①ケースの発見 →②インテーク（受理面接）→③アセスメント（事前評価）→④プランニング（支援計画の作成）→⑤インターベンション（支援の実施）→⑥モニタリング（事後評価）→⑦ターミネーション（支援の終結）

　それぞれの段階を踏まえて保育ソーシャルワークでは、具体的には次の支援の**展開過程**ですすめます（図表5-2）。

①ケースの発見
・子どもや保護者から相談を受けるほか、知人や地域住民からの情報提供や、保育者が子どもや保護者の生活の様子をみて気になる点を拾いながら、子どもや保護者に働きかけることもあります（**アウトリーチ***）。

②インテーク（受理面接）
・保育者が子どもや保護者などから、はじめて相談を受ける場面です。
・子どもや保護者から相談を受ける場合、本人は不安を抱えていることも多いため、保育者や支援者は、子どもや保護者との信頼関係をつくるために対人援助の7原則を意識し受容的に話を聞くなど、保護者が話しやすい場面をつくることが大切です。

③アセスメント（事前評価）
・インテーク以降の面接などによって、子どもや保護者の生活上で、何

参照
展開過程
→レッスン11

用語解説
アウトリーチ（outreach）
英語で、手を差し伸ばすという意味。福祉領域では、ソーシャルワーカー側からクライエントに対して出向くことにより生活実態を把握することや支援をすすめる方法とされる。

に困っているのか、求めているニーズや支援などについて明らかにします。
・現時点で、子どもや保護者が困っていると感じていない場合でも、予測される子どもや保護者の生活上の課題について、保育者が専門職の視点からその内容を見極めます。

④プランニング（支援計画の作成）
・子どもや保護者の生活課題について、その課題などを解決できるように支援計画を作成します。
・支援計画を作成する際には、「支援の目標」「支援の予定期間」「支援の対象（子どもや保護者、家族のうち誰を対象とするのかなど）」「保育者や支援者（支援の中心を担うのは、どの機関・組織の誰なのか）」「支援の内容や方法」「支援によって予想される効果」などを明確にし、支援計画に具体的に盛り込んでいきます。
・完成した支援計画については、子どもや保護者にていねいに説明し、同意を求めることが必要です（**インフォームド・コンセント**[*]）。

⑤インターベンション（支援の実施）
・立案した支援計画をもとに、具体的に子どもや保護者に支援をすすめていきます。
・支援をすすめるなかで保育者は何を支援したのか、子どもや保護者の支援の経過上での様子などについて支援を記録していきます。
・保育者は専門職として支援をすすめるため、子どもや保護者に対して支援に関する説明責任（アカウンタビリティ）があります。

⑥モニタリング（事後評価）
・支援計画による支援が一定期間経過した段階で、その支援の状況や得られた効果（子どもや保護者の生活課題が解決しているか否か）について振り返り、見直す段階となります。
・方法の一例として、支援の経過を記した支援記録やチェックリストなどを用いて確認する方法、子どもや保護者の面接や生活状況の観察などによって行います。
・支援をすすめた結果、支援の効果が十分に現れていない場合や、支援に何らかの支障や新たな生活課題などが生じている場合は、改めてプランニングをし直すことが必要になる場合もあります（再アセスメント、再プランニング）。

⑦ターミネーション（支援の終結）
・支援の実施の事後評価で、子どもや保護者の生活課題などが改善し、支援の必要性がないと判断された場合は、支援は終結となります。

✱用語解説
インフォームド・コンセント（informed consent）
説明を受け、同意するという意味。特に医療分野で使用されている用語で、医師が患者に医療行為や目的、内容などを説明し、患者本人が十分に理解したうえで合意を得るという患者の自己決定を保障するプロセス。現在では医療分野だけでなく、ソーシャルワーク分野を含めた対人援助領域で使用されている。

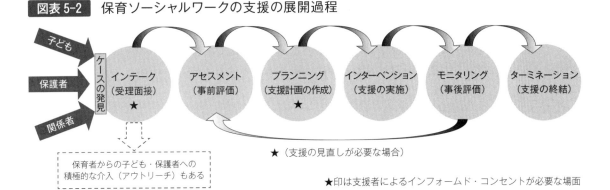

図表 5-2　保育ソーシャルワークの支援の展開過程

・ただし、再び生活課題がみられたり支援が必要となったりした場合には、改めてアセスメントを行ったうえで支援をすすめます。

5. 支援におけるほかの機関・施設との連携

　これまで保育ソーシャルワークの方法を支援の展開過程について整理してきました。保育の現場において、保育者は日頃の子どもや保護者とのていねいな関係づくりをもとに、専門性を生かした保育の支援を展開しています。そのような保育の専門性の一つに、保育ソーシャルワークの機能があります。しかし、保育の現場では、ときとして保育の専門性の領域を超える対応や、より専門性の高い機関等で援助を行うことが、子どもや保護者にとってよいと判断される内容も起こります。保育者や支援者は、そのようなみずからの組織で対応できない内容については、対応できる機関や組織に適切につないでいくことが必要です。

　たとえば、医療的な判断が必要となる場合には、医療機関や児童相談所、福祉事務所、保健所および市町村保健センターなどを保護者に紹介するなど、他機関との連携や助言をすすめていきます。また、子どもに対する虐待が疑われるケースは、児童相談所や市町村および福祉事務所などと連携します。そのためには、緊急時や対応を必要とする際に、どのような機関や組織が存在するのかなど、地域の社会資源を日頃からリストアップしておくことが大切です。

　また、子どもや保護者の生活を支えるためには、地域の子育て支援センターや子育て支援に取り組む各種団体、NPOなどの情報を保護者に伝えることも有効です。保育施設などは、こうした機関や組織などの情報を日頃から集めておくことも大切です。

このように、ほかの機関や施設などによる支援が実際に必要となった場合に、スムーズに支援をつなげることができるように、保育施設などが関係機関や施設などと日常的に情報共有や役割分担について協議するなど、平時から関係性をつくることが求められます。

演習課題

次のインシデントを読んで、課題に答えましょう。

インシデント

　ある日、子育て支援センターに1本の電話が入りました。子育て中の母親Aさんからの電話で、担当職員のBさんが対応しました。Aさんは、「町内の掲示板でセンターを知ったのですが、子育てについて相談したいことがあり、一度行ってもいいですか」と言い、Bさんは「子育て中の保護者の方ですね。どうぞお気軽にお越しください」と応じました。

　翌日、Aさんは一人でセンターを訪れました。Bさんは、Aさんを見て表情が少しさえないことに気づきました。BさんはAさんにセンターの簡単な紹介と案内をしたあと、Aさんと面談室で話をすることになりました。

①センターを訪れたAさんは、表情が少しさえなかったようです。この様子から、どのような気持ちだったのか考えてみましょう。
②面談室に案内されたAさんは、相談にきたのに話すことにためらいがあるようです。この様子から、特に「対人援助の7原則」を意識して、BさんはどのようにAさんと話をしたらよいでしょうか。
③面接の結果、Aさんはひとり親家庭で子育てをしていること、最近引っ越してきたこと、はじめての子育てで自信がないことなどがわかりました。また、親戚や知り合いなども少ないようです。「ソーシャルワークの援助過程」に基づいて、これからセンターができる支援には、どのようなものがあるでしょうか。あげられるだけ書き出してみましょう。

レッスン **6**

保育ソーシャルワークの方法（2）

地域の子育て家庭は、保育・子育て支援サービスを利用することができます。必要なサービスが効果的に提供されるためには、サービス間を調整し管理する必要があります。このレッスンでは、安心してサービスを受けられるようメゾレベルでの援助のあり方を理解し、その援助方法について学びます。

1. メゾレベルでの保育ソーシャルワークの方法

1 子どもを取り巻く子育て・子育ち環境

日本では、近年子どもの出生数が減っており、少子化が進行しています。子どものいる家庭は、1986（昭和61）年では全世帯の46.2％であり、2016（平成28）年になると23.4％と全体の4分の1以下になっています[†1]。また、核家族世帯は60.5％と多く、「子育ての悩みを相談する人がいない」「子どもを預けられる人がいない」など、困ったときに手を差し伸べてくれる人がいない状態で生活する子育て家庭が増えています。

最近の働く母親の増加はめざましく、児童（17歳以下）のいる世帯における母親の仕事の有無をみると、「仕事あり」は67.2％（2017年）です[†2]。保護者の就労パターンも多様化して休日勤務があったり、夜間に及ぶ就労があったりします。したがって延長保育の必要性も高くなり、保護者の就労状況に合わせて保育が長時間化しています。一方で幼稚園に通う子どもの数は減少し、それにともない幼稚園数も減少しています。幼稚園でも「預かり保育」で夕方までの延長保育を実施している園は、全体の82.5％（私立幼稚園は95％）となっています[†3]。

地域の子育て支援に関する大きな課題の一つに**子どもの貧困問題**＊への対応があります。日本の子どもの貧困率は徐々に増加していて、2015（平成27）年の段階で7人に1人の子どもが貧困家庭となっています[†4]。経済的貧困が子どもの養育の貧困につながりやすく、ひとり親家庭、特に母子家庭の貧困は深刻になっています。さらに不適切な養育や虐待を疑う保護者への支援、気になる子どもや障害児など**特別な支援を必要としている子ども**＊への支援も重要となります。

2015年度から「子ども・子育て支援新制度」がスタートしましたが、子育て世代のニーズに合わせ、地域の実情に応じた子育て・子育ち環境

▶ 出典

†1 厚生労働省「平成28年国民生活基礎調査の概況」2017年

†2 厚生労働省「平成28年国民生活基礎調査」2017年

†3 文部科学省「平成28年度学校基本調査」2016年

✳ 用語解説
子どもの貧困問題
沖縄県での2015年の貧困調査では、子どもの貧困率が29.9％と、全国平均の2倍近くである。また、全国の母子家庭（シングルマザー家庭）の貧困率は、56％超でOECD加盟国中でトップとなっている。

▶ 出典
†4 †2と同じ

✳ 用語解説
特別な支援を必要とする子ども
障害児、発達が気になる子、外国籍の子ども、貧困状態にある子ども、被虐待児、トランスジェンダーの子どもなど、文化的・社会的・民族的・性的マイノリティの子どもおよび教育・保育現場で特別な配慮を必要とする子どもの総称。

を充実させる必要があります。

2 保育所への期待（利用者から、行政から）

この20年の間に待機児童のいる自治体では、保育の受入れ枠を増やし続けていますが、近くに新しい保育所ができたら子どもを入所させて働きたい潜在的な利用希望者が多いといわれています。今すぐ働く必要がなくても、保育所が利用できれば働きたいと思っている女性が増えているということです。

さらに、待機児童の増加にともなう保育所や保育士の数が不足しているため、ますます保育所への入所が困難になっています。2016（平成28）年の厚生労働省の実態調査では、保護者の希望通りの保育施設を利用できた人は全体の56.8％に過ぎず、保育所を利用するまでの苦労や負担感も大きくなっています。乳幼児を育てる保護者にとって、保育所は安心して子どもを預けて働くことのできる**社会資源**[*]の役割が期待されています。

このような背景のもと、保育所中心の日本の保育政策に大きな制度改革が行われ、2015年度から「子ども・子育て支援新制度」がスタートしました。この新制度は、子育て世代のニーズに合わせ、地域の実情に応じた子育て・子育ち環境を充実させることを目指しています。保育所では、入所する子どもだけではなく、その保護者や地域の子育て家庭に対しても支援を行います。

2017（平成29）年に改定された「保育所保育指針」では、保育所を利用している保護者に対して「保育所保育の意図の説明などを通じて、保護者との相互理解を図るよう努める」ことや「保育の活動に対する保護者の積極的な参加」を促すことが示されています。地域の保護者等に対する子育て支援については、「地域の関係機関等との積極的な連携及び協働を図るとともに、子育て支援に関する地域の人材と積極的に連携を図るよう努める」ことが示されています。また、今回の指針では、異なる文化や習慣をもつ外国籍家庭が増えているため、「外国籍家庭など、特別な配慮」や個別の支援を行うことが加えられました。

保育所は、「保育を必要としている子どもの保育」を行うことが役割とされ、保育士は子どもにとってふさわしい生活の場を提供しています。環境や生活の流れを大事にする日々の保育は、ミクロレベルでの支援といえます。しかし「保育所保育指針」第4章「子育て支援」で示されている「保護者の状況に配慮した個別の支援」や「不適切な養育等が疑われる家庭への支援」などについては、保育所や保育士による対応では不

[*] **用語解説**
社会資源
ニーズを満たすために用いることのできる人的・物的・制度的な資源の総称。具体的には、身近な家族や親類をはじめ、友人や近隣、職場の同僚、保育士などの人的サポートがあり、学校・保育所・児童相談所・病院・療育施設・保健所などの公的機関などがある。地域のなかでさまざまな保育サービスを提供している保育所や保育士は、社会資源の一つとしての役割を担っているということである。
→レッスン10

十分、あるいは限界があると判断される場合があります。困難を抱えている子育て家庭への支援は、関係機関や行政との連携、協働が求められます。これがメゾレベルとしての支援であり、保育ソーシャルワークを展開するうえで重要な視点となります。

3 保育現場からみえる子育て

保育所には、さまざまな家庭の子どもがいますが、保育士が子どもを援助していくには、その子どもの家庭での生活、家族の状況を理解していく必要があります。

日々の子どもの保育実践から、保護者の暮らしの実態がみえてくるようになります。朝の登園時刻が不規則、子どもの体調が悪いのに登園する、親の仕事が休みなのに預ける、子どもが熱をだしてもなかなか迎えに来ない、お迎えの時間に頻繁に遅れるなどは、どこの保育現場でもあることで、保育者を悩ます事柄でもあります。しかし、このような状況からみえてくるのは、「保育時間が短い、もっと延長してほしい」「体調不良や病気のときも預かってほしい」「親は体がくたくたで疲れきっている」といった、働きながら子育てをしている親の苦悩する姿です。

保育現場でみえてくる子どもの気になる行動や保護者の悩み、家族が抱える問題などは、地域における子育ての現状を表しています。現在は、近隣とのつながりの少ない子育て家庭が多く、職場は子育て家庭に特別な配慮がなく、就労条件も不安定など、脆弱な暮らしの基盤のうえに生活が営まれていることも背景にあります。そういったなかで、子どもの障害、家族の病気、離婚などといった事態になれば、すぐに困難な状況に陥る場合もあるでしょう。このような子育ての困難な状況を少しでも和らげ、親子がともに安心した暮らしができるように支援をしていくことが保育所の役割でもあります。

4 地域と保育所

2017（平成29）年改定の「保育所保育指針」では、保育所の役割について「入所する子どもを保育するとともに、家庭や地域の様々な社会資源との連携を図りながら、入所する子どもの保護者に対する支援及び地域の子育て家庭に対する支援等を行う役割を担うものである†5」として「地域資源としての保育所」の役割が明示されています。

ほかの**社会福祉施設***に比べると、保育所はもともと地域社会のなかにあって、地域と密接な関わりをもっています。保育所が地域に対して開いていくということは、保育所の利用者にサービスを提供するだけで

▶ 出典
†5 「保育所保育指針」第1章1（1）「保育所の役割」ウ

* 用語解説
社会福祉施設
高齢者、子どもや障害者などに福祉サービスを提供する施設であり、これらの人々が自立してその能力を発揮できるよう、必要な日常生活の支援、技術などを行うことを目的としている。子どもに関する施設として、乳児院、児童養護施設、障害児入所施設などがある。

なく、地域に暮らす子育て家庭という広い対象にサービスを提供することでもあります。

地域の子育て家庭には、保育所や認定こども園、幼稚園などの保育施設を利用している家庭、在宅で子育てをしながら地域の子育て支援施設を利用している家庭があります。しかし、どの施設も利用せず自宅のみで子育てをしている家庭もあります。保育・子育て支援のサービスを受けない、もしくは地域に関わらないで孤立したまま子育てをしている家庭への視点も重要になります。そのような家庭のなかには、子育ての困難、生活上の問題などを抱えている場合もあるかもしれません。支援を必要としていてもどのように助けを求めてよいかわからない、あるいは必要性を自覚していない人もいます。そのような人から要請がない場合でも、家庭を訪問するなど積極的なアプローチをしながら、**アウトリーチ**としての支援をすすめていくことが求められています。

これからの保育所は、さまざまな関係機関や地域住民と関わりながら、地域の子育て家庭の状況を把握して、社会資源としての役割を担っていくことが重要となります。

保育所からみえる子育ての姿は、子どもと保護者のみの課題ではなく、地域と保育所を取り巻く環境の課題でもあります。保育所を中心として地域とのネットワークを整備していくことが、メゾレベルの援助方法なのです。

2. 保育ソーシャルワークのメゾレベルの専門性

1 ネットワーク

保育士自身も社会資源の一つであることを自覚し、ほかの関係機関や地域住民、民生委員・児童委員、ボランティア、NPOなどと連携して支援にあたる視点が重要です（図表6-1）。地域の既存の**ネットワーク***に参画できるように、保育所や子育て支援事業での役割を伝え、相手の役割を理解し、日頃から積極的に関係をもつ必要があります。市町村が実施する連絡協議会、地域住民の集いや活動にも積極的に参加して、地域とのつながりをつくります。

さらに、学校や企業、NPOなどの福祉分野以外の関係者との連携を図る場合も想定されます。それぞれの立場や役割を理解し、保育や子育て支援としての意見を相手にわかりやすく伝え、よりよいパートナーシップを築くことが重要です。同時に職場内でもネットワークで得られ

参照
アウトリーチ
→レッスン5

※用語解説
ネットワーク
「網状のつながり」を意味するが、社会福祉や市民運動でネットワークという場合、ある目的や価値を共有している人々の間で、既存施設や居住地域を越えて、人間的な連携を築いていく活動のことをいう。
〈子育てネットワーク〉
さまざまな人の連携と協力および社会的資源を利用しながら子育てを行うつながり。
〈保育ネットワーク〉
保育の営みを園内および園外のさまざまな人や機関などの社会的資源と連携、協力しながら行う関係のあり方。

図表 6-1 地域の社会資源とネットワーク

```
            地域の社会資源と
             ネットワーク

   病院                        NPO

  保健所                   地域子育て支援拠点

                 子育て家庭
  地域住民                 保育所・認定こども園
                          幼稚園

  民生委員・児童委員

               児童相談所
```

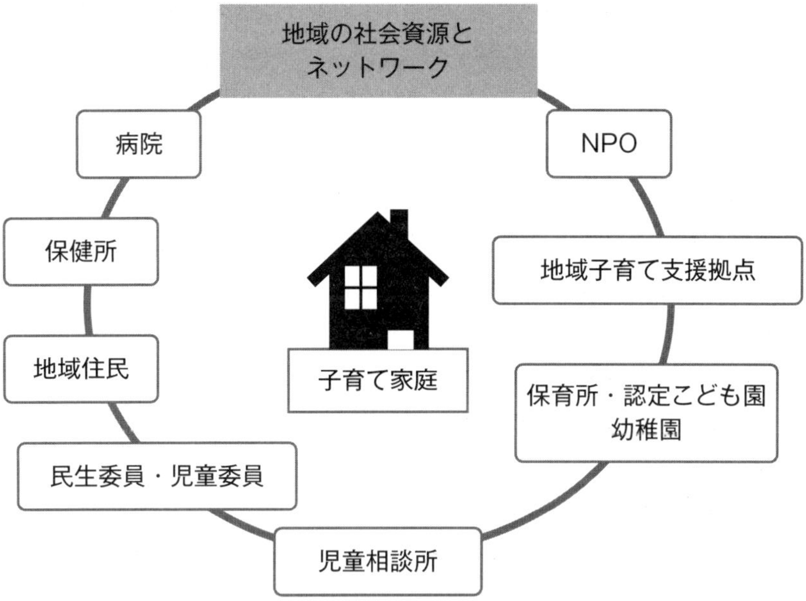

た情報を共有し、担当者でなくても職員全体で理解を深め、支援のあり方を学ぶ機会にして、チームで対応していく体制づくりが重要になります。

2 コーディネート

保育所や子育て支援を利用する理由はさまざまです。たとえば、「就労したいので保育所に預けたい」「家族に要介護者がいる」「子育てに不安を感じる」「子育て仲間がほしい」などの要求や困りごとや心配ごとがあります。前述したように利用者のなかには、子育ての困難や生活上の問題などを抱えつつも、みずからが公的なサービスや他者からの支援を受ける対象であることを認識していないこともあります。そのような子育て家庭にとっては、身近な場所で相談ができ、そこから適切な施設やサービスにつなぐことが必要となります。そのために子育て家庭の背景にあるニーズを把握したうえで、必要なサービスを利用できるように調整していく、**コーディネート**＊の役割が重要となります。コーディネーターは、家庭の状況を客観的に理解するだけでなく、子育て家庭が有する課題や能力を把握し、本人の力や地域資源を生かしながら、個々の状況に合わせて支援策を調整、調達していきます。

保育所の**園庭開放**＊や**地域子育て支援拠点事業**などに支援者が訪れ、利用者の話を聞くなかで支援が始まることもあります。また、公的な

＊用語解説
コーディネート
組み合わせていくこと。組み合わせることによって、その人にふさわしいサービスを提供しようとすること。

園庭開放
保育所や幼稚園の園庭で子育て家庭の子どもを遊ばせることができる、子育て支援事業の一つ。土日などの休日や保育中の一定期間に園庭を開放するもので、在園児以外の親子も利用可能である。保育や子育て支援の専門家が担当として関わることもあるが、保護者の責任で利用する場合が多い。

参照
地域子育て支援拠点事業
→レッスン7

サービスや専門機関、専門職、地域の人々からの紹介で支援が始まることもあります。そのためには、日頃から地域の人々やほかの専門職とのつながりをもち、支援員の属する事業についてていねいに伝えておく必要があります。

利用者が必要とする資源につなぐためには、資源側にも働きかけて関係をつくることから始まります。その資源がどこまで利用者のニーズにこたえられるか、ニーズに合わせて対応範囲を広げられるかなどを問い合わせることや、資源側にも利用者の状況をくわしく伝えておくことで、円滑な支援が始まります。このようなコーディネート機能によって、子育ての困難さが軽減され、予防的な支援にもなり、結果として子育てしやすい地域社会づくりにつながっていきます。

3 マネジメント

ケアマネジメント（**ケースマネジメント**）は、1970年代にアメリカで取り組みが始まった援助技術です。イギリスでは、**コミュニティケア***における重要な援助方法として位置づけられています。

障害者や介護の必要な高齢者などが在宅生活をするためには、さまざまなサービスを利用しなければなりません。これらのサービスを利用するためには、手続きのため窓口に出向き、必要書類を準備し申請を行う必要があります。しかし、利用者はどこの機関・団体の窓口に行けばよいのか、どの機関やサービスが適正なのかを判断することが難しい場合があります。

困難を抱えている者や家族のニーズはさまざまであり、いくつかのサービスを組み合わせて有効に利用することもあります。そこで、それぞれのケースを理解して的確にアセスメントして、適切なサービスを効果的に利用できるような支援方法をケアマネジメントといいます。

社会資源は、それ自体でサービスや支援を調整する働きをもっているわけではありません。サービスを必要としている人、その人がもっているニーズと社会資源を結びつけ、調整する支援者をケアマネジャーといいますが、保育や子育て支援では**地域担当保育士、家庭支援保育士***となっています。地域によっては**子育て支援コーディネーター***や**保育コンシェルジュ***という名称を使用する場合もあります。

後述する利用者支援事業においては、利用者支援専門員として位置づけられています。この専門員は、適切なサービスを提供するために、利用者の立場に立ってサービスを調整し、より効果のあるサービスを選択したりつないだりしていく役割が求められています。

➡ 補足
ケースマネジメント
ケアマネジメントと同義語。マネジメントするのは「人」ではなく、「ケア」であるという意味で、今日ケアマネジメントといわれることが一般的となっている。相談援助をすすめていく場合の調整やサービスのシステム化を目指す。

✱ 用語解説
コミュニティケア
社会福祉の諸分野で支援ニーズをもつ対象者を、特別な施設のなかだけで処遇するのではなく、できるだけ地域のなかで地域とのつながりを保ちながら、ほかの市民と同様に自立した生活が送れるよう支援しようとする考え方。

地域担当保育士、家庭支援保育士
地域によって名称が異なるが、子育て家庭へのコーディネートやマネジメントとしての役割を担う保育士等のこと。地域の拠点となる保育所に配置され、地域の子育て支援の充実を図るとともに、個別支援を実施する。在園児のみならず、広く地域の子育て家庭に広げて地域支援を行う。また、保育所に入所している要支援児・者や、健康診査等で支援が必要であると判断された在宅家庭に対して、家庭訪問し、子育てに関する指導、助言等を行うこともある。

近年は「保育ニーズがある」人は多くいますが、そのなかには認可保育所以外のもので対応可能な場合もあります。利用者はどのようなサービスがあるのか知らないで「とにかく保育所」と考えてしまう場合があります。そこで、ていねいにそのニーズを聞き取り適切なサービスや支援に結びつける役割として地域担当保育士が配置され、次のような役割を担います。

①保育サービスの利用に関する相談
②入所保留児（待機児童）へのアフターフォロー
③育児相談、出張相談
④健康診査会場での子育て支援
⑤要支援児・者への支援（家庭訪問、緊急的一時保育など）
⑥保育資源・保育サービスの情報収集

4 資源の開発

　子育て支援政策によって、保育所や保育士のもつ専門的機能を活用して、保育所を利用していない子育て家庭のために園庭開放や体験保育、一時保育などの保育サービスなどが提供されています。しかし、地域福祉として実践される援助は、保育所内で行われる保育サービスの提供ばかりではありません。むしろ、子育て世代が直面している問題を地域の子育て・保育の問題として、住民とともに明らかにし、その対策のために取り組むことが重要となります。

　問題によっては、保育所だけでは対応できない場合もありますし、地域にある既存の社会資源の枠内でも対応が難しいこともあります。保育・子育てに関する多様なニーズに対して、柔軟に対応できるサービスや支援方法を生み出す視点で新たな社会資源を開発していくことが必要となります。

3. 子育て支援事業での役割

1 子ども・子育て支援新制度

　2015（平成27）年度から子ども・子育て支援新制度がスタートしています。この新制度の目的は、「一人一人の子どもが健やかに成長することができる社会の実現に寄与すること」（「子ども・子育て支援法」第1条）にあります。

　具体的な取り組みとしては、①認定こども園の普及を図ること、②待

用語解説

子育て支援コーディネーター
子育て家庭が身近に思える場所で、その子育て家庭がもつ課題や能力を包括的に把握、予測したうえで、本人の力や地域資源を生かしながら、支援策を調整、調達、開発するコーディネート機能を総合的に行える支援者をいう。

保育コンシェルジュ
自治体に配置される専門の相談員で、保育を希望する保護者の相談を受けてニーズにあった保育サービスの情報提供を行う。さらに保育所に入所できなかった場合のアフターフォローも行う。保護者のニーズと保育サービスを適切に結びつける橋渡し的な役割を担う。

図表6-2 「子ども・子育て支援法」に基づく給付・事業の全体像

子ども・子育て支援給付	地域子ども・子育て支援事業
■子どものための現金給付 ○児童手当 ■子どものための教育・保育給付 ○施設型給付 認定こども園、幼稚園、保育所を通じた共通の給付 ※私立保育所については、現行どおり、市町村が保育所に委託費を支払い、利用者負担の徴収も市町村が行うものとする ○地域型保育給付 ※施設型給付・地域型保育給付は、早朝・夜間・休日保育にも対応	①利用者支援事業 ②地域子育て支援拠点事業 ③妊婦健康診査 ④乳児家庭全戸訪問事業 ⑤養育支援訪問事業・子どもを守る地域ネットワーク機能強化事業 ⑥子育て短期支援事業 ⑦ファミリー・サポート・センター事業 ⑧一時預かり事業 ⑨延長保育事業 ⑩病児保育事業 ⑪放課後児童クラブ ⑫実費徴収に係る補足給付を行う事業 ⑬多様な事業者の参入促進・能力活用事業

出典：前田正子『みんなでつくる子ども・子育て支援新制度』ミネルヴァ書房、2014年、36頁をもとに作成

機児童を減らして、子育てしやすい働きやすい社会にすること、③幼児期の学校教育や保育、地域のさまざまな子育て支援の量の拡充や質の向上をすすめること、④子どもが減っている地域の子育てもしっかり支援することなどがあげられています。

この新制度の特徴として、①子ども関係の予算を統合する、②認定こども園・幼稚園・保育所の給付を一本化する、③保育所利用の要件が「保育に欠ける」から「保育の必要性」に変わる、④地域の実情に合わせた子育て支援事業を柔軟にするために一括して予算給付する、などがあります。地域子ども・子育て支援事業については、13種類が用意され、新たに利用者支援事業（「子ども・子育て支援法」第59条）が制度化されています（図表6-2）。2014（平成26）年度から、各地で利用者支援事業の取り組みが始まり、地域包括ケアの子ども版ともいわれる「**子育て世代包括支援センター***」としての新たな事業も始まっています。

[＊用語解説]
子育て世代包括支援センター
2014年度にモデル事業として実施された妊娠・出産包括支援センターが、2015年度から適応された利用者支援事業の母子保健型として位置づけられた。

2 利用者支援事業

利用者支援事業の利用目的は、教育・保育・保健その他の子育て支援を円滑に利用できるよう支援することであり、事業者は身近な場所で情報提供や相談・助言などを行い、関係機関との連絡調整も行います。1事業所に1名以上、一定の資格・経験を有し研修を受講した専任職員（利用者支援専門員）が配置され、基本型、特定型、母子保健型の3種類の事業があります（図表6-3）。「基本型」は、親子が継続的に利用できる場（地域子育て支援拠点や保育所など）で実施することで、通いやすさや相談しやすさがあります。「特定型」は、主に行政機関の窓口

図表6-3　利用者支援事業の概要

事業の目的
○子育て家庭や妊産婦が、教育・保育施設や地域子ども・子育て支援事業、保健・医療・福祉等の関係機関を円滑に利用できるように、身近な場所での相談や情報提供、助言等必要な支援を行うとともに、関係機関との連絡調整、連携・協働の体制づくり等を行う

実施主体
○市区町村とする。ただし、市区町村が認めた者への委託等を行うことができる。

地域子育て支援拠点事業と一体的に運営することで、市区町村における子育て家庭支援の機能強化を推進

3つの事業類型

基本型
○「基本型」は、「利用者支援」と「地域連携」の2つの柱で構成している。

【利用者支援】
地域子育て支援拠点等の身近な場所で、
○子育て家庭等から日常的に相談を受け、個別のニーズ等を把握
○子育て支援に関する情報の収集・提供
○子育て支援事業や保育所等の利用に当たっての助言・支援
→当事者の目線に立った、寄り添い型の支援

【地域連携】
○より効果的に利用者が必要とする支援につながるよう、地域の関係機関との連絡調整、連携・協働の体制づくり
○地域に展開する子育て支援資源の育成
○地域で必要な社会資源の開発等
→地域における、子育て支援のネットワークに基づく支援

《職員配置》専任職員（利用者支援専門員）を1名以上配置
※子ども・子育て支援に関する事業（地域子育て支援拠点事業など）の一定の実務経験を有する者で、子育て支援員基本研修及び専門研修（地域子育て支援コース）の「利用者支援事業（基本型）」の研修を修了した者等

特定型（いわゆる「保育コンシェルジュ」）
○主として市区町村の窓口で、子育て家庭等から保育サービスに関する相談に応じ、地域における保育所や各種の保育サービスに関する情報提供や利用に向けての支援などを行う
《職員配置》専任職員（利用者支援専門員）を1名以上配置
※子育て支援員基本研修及び専門研修（地域子育て支援コース）の「利用者支援事業（特定型）」の研修を修了している者が望ましい

母子保健型
○主として市町村保健センター等で、保健師等の専門職が、妊娠期から子育て期にわたるまでの母子保健や育児に関する妊産婦等からの様々な相談に応じ、その状況を継続的に把握し、支援を必要とする者が利用できる母子保健サービス等の情報提供を行うとともに、関係機関と協力して支援プランの策定などを行う
《職員配置》母子保健に関する専門知識を有する保健師、助産師等を1名以上配置

出典：内閣府「子ども・子育て支援新制度Ⅷ 地域子ども・子育て支援事業」2018年をもとに作成

などを活用するものです。保育サービスなど特定の事業についての「ガイド役」としての機能となります。「母子保健型」は、主に保健所・市町村保健センターでの実施となり、保健師などの専門家がすべての妊産婦の状況を継続的に把握し、関係機関と連携しながら個別の支援を行います。

新制度では、多様な子育てニーズにこたえるために、さまざまな施設や事業などが用意されることとなりましたが、個々の利用者（保護者）にとっては、どの施設・どのサービスを利用するのが一番よいのかを判断するのは容易ではありません。一定の条件がないと使えない支援サービスや申請のための情報が得られにくい場合などもあります。そこで利用者支援事業では利用者支援と地域連携の2つが柱となって支援が行われます。

図表6-3で示すように、個々の家庭のサポート体制をつくっていく利用者支援事業は、その過程に対して新たな地域とのつながりを構築していく取り組みであり、子育てを応援する地域資源を増やし、子育てし

第2章　保育ソーシャルワークの方法

図表6-4　子育て世代包括支援センターの概要

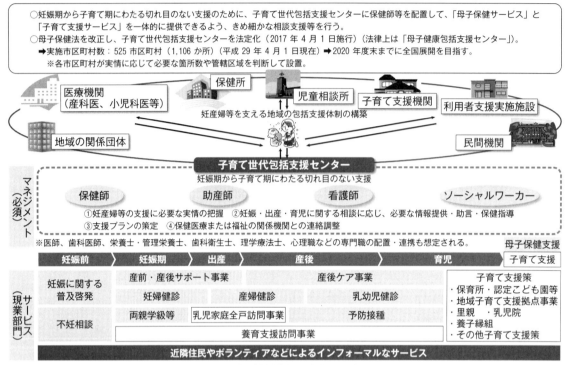

出典：内閣府「子ども・子育て支援新制度Ⅷ 地域子ども・子育て支援事業」2018年をもとに作成

やすい地域社会をつくることを目標としています。心配な家庭のリスクが大きくなる前に、地域の社会資源をうまく活用して、その人なりの子育てができるように、家庭と地域に働きかけるコーディネーター役が求められています。

3　母子保健型・子育て世代包括支援センター

利用者支援事業「母子保健型」として、妊娠期から子育て期にわたるさまざまなニーズに対して総合的相談支援を提供する拠点としての、「子育て世代包括支援センター」が整備されました。図表6-4に示すように、子育て世代包括支援センターの基本的要件は、先にあげた利用者支援事業の「利用者支援」機能と「地域連携」機能に加え、妊娠期から子育て期にわたるまで地域の特性に応じ、"専門的な知見"と"当事者目線"の両方の視点を生かし、必要な情報を共有して切れ目なく支援することになっています。

これによって、それぞれが独立していた保健医療と福祉が子育て世代包括支援センターを中心に連携し、健康面から発達面まで継続的に見守ることができるようになります。さらに、窓口が一つになったことで、

図表6-5 フィンランドの妊娠育児相談所「ネウボラ」

目的	①妊産婦と赤ちゃん、家族全体のケア ②各種情報とアドバイスの提供 ③親業の支援、夫婦と家族関係の強化
無償支援	母子の心身ケア／定期健診／親業の研修／予防接種 専門支援機関への紹介／避妊指導
効果	問題の早期発見＝予防的支援 全家族の安定と幸福の増進 すべての子によりよい人生スタートの保障

家族が抱える課題や問題に対して包括的な支援を行うことができます。ここでは、保健師・助産師などの専門職が、すべての妊産婦などの状況を継続的に把握し、必要に応じて関係機関と協働して支援プランを作成するなど、妊産婦に対してきめ細かな支援を展開することになります。

問題を抱える家族や子育てに困難を抱える保護者は、サービスを利用しないか、サービスを知らないために利用できないとされ、「いろいろな支援が必要な人に限って、支援につながらない」といわれます。母子健康手帳を受け取る妊娠初期から継続的にサポートを受けられることで、問題を抱えた家族に対する早期の関わりが可能となります。母子健康手帳の交付時に保健師が面接を実施し、受診の有無・入籍の有無・母親の年齢・現在の心情などを確認することで、その家族にどういう支援が必要なのかを把握できます。面談をすることで、当事者の抱える多くの不安のなかから「今は何に対する不安が一番強いのか」を確認し、適切な支援につなぐことができます。子育てをする当事者にとっては、人に頼れる力、「助けて」といえる力も子育ての能力といえます。誰かを頼ることで元気になり、安心して次にすすめるような循環を支援していくことが重要となります。

フィンランドでは、妊娠・出産・育児の切れ目ない支援としての**ネウボラ**＊が国の施策として行われており、その包括的な子育て支援を参考に、**「日本版ネウボラ**＊」を推進している自治体もあります。この制度は、これまで医療と福祉が独立して子育て支援をしていた状況から、子育て世代包括支援センターを中心に連携し、健康面から発達面まで切れ目なく見守ることを目指しています（図表6-5）。

4 自治体ごとの取り組み（実践事例）

自治体によっては、コーディネーターとしての専門員を「地域子育て支援コーディネーター」（香川県高松市）や「子育てコンシェルジュ」（静岡県磐田市、島田市など）または「保育・教育コンシェルジュ」（横

＊ **用語解説**

ネウボラ
フィンランド語で「助言の場」を意味している。妊産婦のための無料の支援相談所として病院に設置。政府が法定化し、すべての自治体が責任をもって整備・運営している。医療・保健・福祉にまたがる多種多様なサポートを包括的に提供している。ネウボラには、「ネウボラ保健師」が常駐し、すべての家族、すべての子どもに「マイ保健師」がついて支援している。

日本版ネウボラ
フィンランドの子育て支援制度「ネウボラ」を参考にし、「妊娠から出産、子育てまで切れ目のない支援」を日本でも実現するため、地域子ども・子育て支援システム研究会を発足し、研究者、医師、助産師らが連携して取り組んでいる自治体（浦安市、和光市、名張市など）がある。

浜市、福岡市など）として配置し、独自の支援体制で実施しています。

高松市の地域子育て支援コーディネート事業では、市内を4つのブロックに分け、2名以上の「地域子育て支援コーディネーター」を配置しています。コーディネーターは地域資源の情報の収集を行い、4拠点でのネットワークによる研修や連絡会などで情報の共有と個別事例の検討を行います。保護者からの気軽な問い合わせから始まり、関わりや聞き取りから親子の課題を把握し、関係機関との連携をすすめるなかで「親子の会」という地域資源の開発に至っています。

静岡県磐田市の「子育てコンシェルジュ」では、コンシェルジュの養成に力を入れてきめ細かな対応を行うことにより、2017（平成29）年には待機児童ゼロを達成しています。島田市では、地域子育て支援センターに「マイ支援センター」として保護者が登録して、利用者支援事業に取り組みやすい環境を整えています。子育てコンシェルジュが地域の保護者のニーズを把握して、必要なサービスや事業の供給を構築することを目指しています。

横浜市での「保育・教育コンシェルジュ」では、利用者支援事業の特定型として実施され、各区役所に在籍しているコンシェルジュは、保育サービスに関する相談に応じたり、情報提供を行ったりする役割を担っています。認可保育所を利用できずに待機児童となった場合でも、多様な保育サービスへの利用促進につなげるアフターフォローを行っています。また、子育てに関する相談が多い区には複数名の保育・教育コンシェルジュを配置して対応しています。

以上のような各自治体による取り組みでは、利用者支援の実績データや担当者（コーディネーターやコンシェルジュ）の意見を反映して、新たに地域の必要な社会資源を生みだし、支援体制を充実させていくことが重要となります。社会資源は、いつでも、どんなニーズでも対応できるほど整っているわけではありません。現存する社会資源を発見し、常に必要な社会資源を新たに開発していくことも必要となります。保育や子育て支援をコーディネートする事業やサービスが不足しているということにならないように、地域資源の調整や開発が求められています。

4. 事例からみるメゾレベルの援助

ここでは、事例をとおしてメゾレベルの援助とはどういうことなのかみていきましょう。

図表6-6 メゾレベル：個別ケースと社会資源をコーディネート

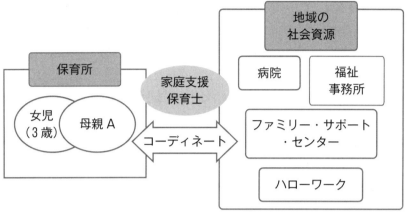

インシデント①

　母子家庭で子育て中の母親Aさんと3歳の女児。
　0歳児から入所していますが、幼児期になってAさんの勤務が多忙になり、最近はお迎えに間に合わないことが増えてAさんも疲れている様子です。子どもはしだいに笑顔がなくなり、朝食も菓子パンをもたせて登所するようになりました。保育士がAさんに声をかけても口数が少なくなり、しだいに足を引きずるようになってきました。
　主任が面談で聞きだすと、非正規雇用のため仕事を休めない、収入が少ないので医者にも行けないという事情がわかりました。

　Aさんは、担任保育士にも日常で困っている話を打ち明けました。子どもが熱をだしても、仕事を早退することの難しさ、過労で足の痛みがあっても休みがとれないこと、経済的に困っていることなどを話しました。母親が働かないことには生活が成り立ちませんが、無理をして体を悪くすれば仕事も続けられないことが予想されます。

　保育所では、子どもに対して特別な配慮はできますが、母親への支援はできることに限りがあります。職員と施設長でAさん親子の状況を共有し、今後の支援については家庭支援保育士がAさんと話し合いながらすすめていくことになりました。家庭支援保育士は、Aさんに生活保護を受けることを提案し、一緒に市役所の福祉事務所に行って説明を聞き、手続きも手伝うことを伝えました。Aさんは、「何とかしなくてはと焦っていたけれど、やっと安心しました」といいホッとした表情でした（ミクロレベル）。

> **参照**
> ファミリー・サポート・センター
> →レッスン7

　家庭支援保育士が福祉事務所や地域の生活相談機関とつながりをもち（メゾレベル）、Ａさんの支援の方法を相談しながらすすめることになりました。その結果、生活保護を受給することができるようになりました。

　また、病院で受診の結果、Ａさんはしばらく安静にする必要があり、子どもの保育所への送り迎えを**ファミリー・サポート・センター**に依頼し、安心して休養と治療ができる状態にしました。Ａさんの生活と健康面が安定したことで、子どもの笑顔も増えて、母親との会話や関わりを保育士に話すようになりました。

　家庭支援保育士は、保育所に通う親子の様子を見守りながら、何かあればいつでも相談ができる信頼関係を築いていきました（ミクロレベル）。Ａさんの体調が回復し、保育所への送り迎えにも余裕がでてくると、いずれは安定した仕事をしたいと話すようになりました。Ａさんの意思を尊重し、適切な仕事ができるようにハローワークでの職業訓練制度を活用するように助言をしました（メゾレベル）。

　このように困難を抱える親子のために、地域の社会資源をうまく活用し、親子にとって必要に応じた支援ができるように、コーディネートしていくことが保育ソーシャルワークとしてのメゾレベルの実践となります（図表6-6）。

　ひとり親家庭では、子育てに困難があっても"自己責任だから、がんばってやらなければ"と、一人で抱え込んでしまうことがあります。地域社会には、困っている人をサポートしてくれるシステムがあることを知らせ、保育所や地域子育て支援センターなどの保育士にSOSを発信すれば、力になってくれる場所があることを伝えていく必要があります。また、支援者がアンテナを張り、困っている人に気づき、求められなくても介入し支援していく必要がある場合もあります。

演習課題

①次の保育所での事例に対して、どのような社会資源が利用できるか考えてみましょう。
　・発達に遅れがあり、気になる子ども
　・ひとり親家庭で仕事がみつからない母親
　・親の不適切な関わりで虐待が疑われる子ども

②保育士が行う子育て支援について、具体的な場所（施設や事業主）と支援内容を調べてみましょう。

③次の子育て支援施設での事例を読んで、どのような支援を実施するか具体的にマネジメントしてみましょう。

インシデント②
　母親Bさんは地域子育て支援センターを利用しています。最近、第二子を妊娠しました。一人目の妊娠では切迫流産※1を経験し、出産後には産後うつ※2がありました。夫婦とも実家は遠方にあり、いざというときに支援をしてもらえる人がいません。父親は仕事が多忙で、帰宅は毎日深夜のため育児や家事を援助してもらえません。日常の家事も子育てもBさん一人でしているため、疲れた様子で精神的に不安定になっているようです。子育て支援を利用しているときに、生活や子育ての不安を訴えてくることが頻繁にあります。

※1：「切迫流産」流産しかかっている状態。
※2：「産後うつ」出産後にホルモンや環境の変化によって気分がうつ状態になること。

レッスン7

保育ソーシャルワークの方法（3）

このレッスンでは、マクロレベルでの関わりを学びます。なぜ保育所でマクロレベルでの関わりが求められるのか、「保育所保育指針」における子育て支援を通じて理解を深めます。また、保育所と地域施設との関係についても学び、地域で子どもと保護者を支える体制について理解します。

1. マクロレベルと保育ソーシャルワークの方法

1 保育所におけるマクロレベルでの関わりとは

　保育現場におけるマクロレベルとしては、地域や自治体（コミュニティワーク[*]）、国家または制度政策が対象となります。子どもや保護者に共通し、子どもの成長に影響を与える可能性があると考えられる社会的・物理的・文化的・政治経済的構造に働きかける技術を活用するとされています。

　地域の子育て家庭に共通するニーズや問題には、コミュニティワーク技法を用います。保育者の観察または保護者からの相談、もしくは自治会や民生委員・児童委員など、地域住民からの相談から支援が始まります。コミュニティワークの特徴は、個々の家庭支援のみで終結することなく、同じ地区に住むほかの家庭にも同様な問題が起こるのではないかという可能性を探っていくことです。

　地理的な特徴、人口、産業の構造、文化や慣習など、地域生活に影響を及ぼすさまざまな状況と多くの調査結果や実地調査から分析し（**地域アセスメント**[*]）、地域の共通課題であると認識された場合は、改善のための地域住民による集団づくりと意思統一を図ります。

　必要に応じて、各種調査から関連性のある情報を集め、課題の改善にむけた活動目標を設定します。活動の成果や終了の時期は、アンケート調査や活動に関する記録を地域住民間で協議し、判断を行います。その判断をもとに支援を開始します。この一連の流れは、図表7-1のように**PDCAサイクル**[*]に沿った動きになります。

※用語解説
コミュニティワーク
住民が地域で生活を営むうえで生じるさまざまな問題に主体的・組織的に取り組み、問題解決に必要な資源の調達やそのネットワークを図ること。

※用語解説
地域アセスメント
地域の必要性や状況を調査すること。

PDCAサイクル
PDCAとは、Plan（計画）・Do（実行）・Check（検証）・Action（改善）の頭文字を並べたもの。このサイクルを繰り返すことで、常に問題点を改善しながら、タスク（課題）を円滑にすすめることが可能となり、大きな成果をだしやすくなる。繰り返しといっても平面上だけの推移ではなく、らせん状に上昇していくのが特徴である。

図表 7-1 PDCAサイクル図(地域の子育て家庭への支援を考える)

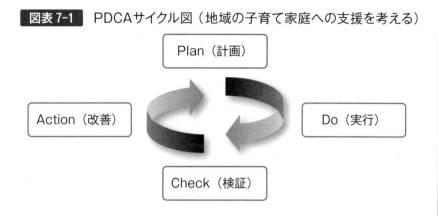

2 なぜ保育所で連携やネットワークが必要なのか

今日の家庭環境での問題や課題は、子育てに関することだけではなく、病気や仕事および人間関係などのさまざまな要因が重なり合って、課題を複雑化・重層化しています。その事柄を解決に導こうとすると、単に保育の分野だけでは解決できないことも増加しています。特定の機関や専門職だけの取り組みではなく、社会福祉全般や保健・医療・司法・教育・労働分野との連携が求められます。

例をあげると、児童虐待のケースは、保育所の保育士だけで対応することは困難であることが多いのです。児童相談所の児童福祉司や児童心理司をはじめ、家庭児童相談室の家庭相談員、福祉事務所のケースワーカーといった福祉部門の専門職だけでなく、医師や看護師、保健師といった医療部門の専門職、また司法部門としては警察などとの連携がマクロレベルで必要となります。

その連携の基盤になるのが保育所内の支援体制となります。保育士の基本姿勢や職員間の連携、そして保育所全体の援助体制が整っていて、実効的に動くことができるしくみであることが求められます。

2.「保育所保育指針」における子育て支援

1 保育所における子育て支援

「保育所保育指針」の第4章「子育て支援」において、保育所における子育て支援の必要性が示されています。そのなかでも特に、保育所における子育て支援に関する基本的事項として、保育所の特性を生かした子育て支援においては、「保護者に対する子育て支援を行う際には、各

> **出典**
> †1 「保育所保育指針」第4章「子育て支援」1「保育所における子育て支援に関する基本的事項」（1）「保育所の特性を生かした子育て支援」ア

> **用語解説**
> **受容**
> 相手の存在そのものを受け止めること。受容は、来談者中心療法が由来である。また受容は、決して相手を否定したり評価したりしない考え方。

地域や家庭の実態等を踏まえるとともに、保護者の気持ちを受け止め、相互の信頼関係を基本に、保護者の自己決定を尊重すること†1」とされています。

2 保護者に対する基本的な態度

保育所における子育て支援を行うにあたって、保育士には一人ひとりの保護者を尊重しながら、保護者のありのままを受け止める、受容的な態度が求められます。ここでいう**受容***とは、保護者が行う不適切と考えられる行動を無条件に受け入れることではありません。その行動の裏側には、保護者の真意があり、保護者を理解する手がかりにするという姿勢に立ち、最終的に保護者の援助を行うことを目的にして、敬意をもって、保育士が保護者の理解を深めることが重要です。また、援助の過程においては、保護者がみずから選択し、決定していく過程（プロセス）を支える（支援する）ことが大切になります。

保育士と保護者の間で良好な援助関係を保つためには、保護者が安心して話すことができる状態を保障することと、プライバシーが守られ、秘密保持が徹底していることが大切です。保育士が保護者のプライバシーを守り、受容的態度で接することを心がけ、保護者自身の自己決定を尊重する過程（プロセス）をともに過ごすことを通じて、信頼関係が積み上げられていきます。保育士が保護者自身の不安や悩みに寄り添い、子どもの成長をともに喜び、ともに愛情を注いでいくことを通じて、保護者はわが子を育てる意欲や自信を膨らませていくことができるのです。保育者には、保護者とのコミュニケーションにおいて、保護者が抱いている子育ての不安を自信に変え、子育てを楽しいと感じられるような環境構成や働きかけが求められます。

3 保護者とのコミュニケーションを図る（ミクロレベル）

保育士と保護者とのコミュニケーションは、ふだんの送迎時における会話や連絡帳のやりとり、電話での会話や面談、懇談、面接など、さまざまな機会や場面をとおして図ることができます。保護者からの相談に応じたり、または助言やアドバイスを行う保育士に求められる姿勢は、保護者のありのままを受け止める（受容）、保護者自身が選択し、決定する（自己決定）、保護者や子どもの個人情報をむやみに第三者に話さない（プライバシーの保護、守秘義務）を基本に据えながら、保護者と子ども（家庭）の実態や現状、状況を客観的に把握し、心情を理解し、保護者自身が納得して解決にむかうように支えることが大切です。

保育所は、子どもが毎日通い1日の大半を過ごす施設のため、子ども一人ひとりの発達の援助や、保護者への子育てに関する支援を継続的に行うことができます。職員も保育士をはじめ看護師や栄養士といった、子どもの成長・発達を支えるために必要不可欠な専門職が配置されていることもあります。さらに、入所している子どもや保護者だけではなく、地域の公的施設として、入所していない子どもや保護者にその専門性を提供することも可能となっています。保育所は、いうならば設置された地域において子育て支援を行う施設の一つであり、乳児期、幼児期の子ども一人ひとりの育ちを深く理解し、成長を支える支援を実践している場です。保育士をはじめとする専門職が、子ども一人ひとりを深く理解する視点を伝えたり、日々の保育を通じてその実践を示したりしていくことも、保護者にとって日常の子育てを支える支援になるといえるでしょう。これはミクロレベルのソーシャルワークと考えます。

4 支援に関して留意することが求められる点（メゾレベル）

　保育所が、保護者に対して子育てを行い、それが適切なものであるためには、保育所の専門性や機能が十分に生かされるような取り組みを図ることが重要です。それを基礎にしたうえで、専門職の役割や範囲に加えて、関係機関の働きや関係者の機能や役割を理解し、保育所だけで解決を図ろうとして抱え込むのではなく、いつも協働や連携を意識して、さまざまな社会資源のよさや特性を生かして支援をすることが大切です。そのためにも、地域の子育て支援に関する情報を的確に把握し、保護者の状況に応じて紹介したり、提供したりすることが求められます。

　昨今は、地域社会のつながりの弱さや子育てに関する不安感などから、子どもや子育てに関する相談も増加しています。このような現状のなか、「児童の権利に関する条約」＊で掲げられている**子どもの最善の利益**＊を守るために、子育てに関する相談に柔軟に対応し、保護者や子どもが抱えている課題（生活のしづらさ）やその家族が置かれている状況を的確に理解し、子どもや保護者にとって最善の援助を行うことが求められます。

　このように、保育所が行う子どもと保護者に対する支援は、その家族が住んでいる地域の機関と連携を取り合いながら行うことが大切だといえます。その際に保育士に求められるのは、ソーシャルワーク（相談援助）の基本的な知識と姿勢、その2つを基礎にした技術を積み上げ、子どもや保護者に対する支援に取り組むことが大切です。これはメゾレベルのソーシャルワークと考えます。

＊用語解説
「児童の権利に関する条約」
子どもの基本的人権を国際的に保障するために定められた条約。18歳未満の児童（子ども）を権利をもつ主体と位置づけ、大人と同様「一人の人間」としての人権を認めるとともに、成長の過程で「特別な保護や配慮」が必要な子ども特有ともいえる権利を定めている。

子どもの最善の利益
子どもが生きていくうえで必要不可欠な事柄が確保されることを通じて、子どもが一番望む方向へすすむことができること。

5 保護者や子どもに対する地域子育て支援（マクロレベル）

2017（平成29）年に告示された「保育所保育指針」において、「保育所は、児童福祉法第48条の4の規定に基づき、その行う保育に支障がない限りにおいて、地域の実情や当該保育所の体制等を踏まえ、地域の保護者等に対して、保育所保育の専門性を生かした子育て支援を積極的に行うよう努めること[†2]」と記載されています。

近年、保育所が地域住民への子育て支援を行う拠点であることは、一層重視されています。保育所はそのことを踏まえ、長年蓄積してきた保育の専門性を地域子育て支援に積極的に活用していくことが求められています。その際に重要なのは、保育所が所在している地域の現実や、保育所の特徴を踏まえることです。

また、「子ども・子育て支援法」に基づいて、地域における子育て支援を実施する団体は増加し、その活動内容は多様化しています。このような地域におけるさまざまな団体の活動と連携しながら、保育所の子育て支援をすすめていくことが大切です。これはマクロレベルのソーシャルワークと考えます。

6 保育所と地域の関係機関との連携

「保育所保育指針」において、地域の関係機関との連携に関して、「市町村の支援を得て、地域の関係機関等との積極的な連携及び協働を図るとともに、子育て支援に関する地域の人材と積極的に連携を図るよう努めること[†3]」と記載されています。

また、具体的な取り組みでは、公的な機関として市町村が取り組む**「地域子ども・子育て支援事業」**の13事業が示されています。これを大まかに分類すると、保育所が中心となって支援する事業と、保育所以外の組織で支援する事業とに分けることができます。保育所においては、所在する自治体（市町村）と協力連携し、保育所全体の状況をよく把握して、子どもや保護者に必要とされる事業を実施することが重要です。その地域ごとの実情や課題をよく認識して、関係機関やそこで働く関係者（専門職）の様子や状況を視野に入れながら、保育所が置かれた地域特性に応じた子育て支援を実施することが求められています。

保育所が地域に開かれた存在として、実情に合った子育て支援に取り組むことは、就学前の子どもだけにとどまらず、その地域における幅広い年代の子どもたちへの健全育成の取り組みとしても有益であるといえます。最近の小学校・中学校・高等学校などでは、次世代育成支援の観点から、保育体験や乳幼児とのふれあい交流などを実施しているところ

があります。これらを通じて、将来にむけて児童・生徒を基礎として、地域の子育て力の維持・向上に結びつくような働きを実施することが必要であるといえます。

保育所が地域の子育て支援活動に積極的に関わり、各関係機関と精力的に関係を築き、協働体制を育んでいく姿勢は、地域住民との良好な関係のなかでさまざまな人材を積極的に活用することを通じて、子育て家庭の養育力が向上し、子どもの健全育成につながります。その取り組みは、やがて地域社会の活性化に発展するといえます。保護者がその地域の人々と結びついて、子育てに関わる感動や喜びを共有し、お互いがもっている子育てに関する知識や知恵を交換し合い、子育ての価値観や文化などを一緒に紡ぎ合わせることが、保育所における子育て支援で大切な働きといえます。

3. 保育所と地域施設との関係

保育所は、保護者とのコミュニケーションを図り、子どもと家庭の実情を理解し、問題の解決や緩和のための支援を行います。場合によっては、保育所や子ども・保護者が所属する地域施設や関係者との連携を密に行って、各施設や関係者の専門性と特性、支援ができる範囲を念頭においた支援や対応を心がけることが重要となってきます。子ども一人ひとりや保護者に対して、日々必要とされる個別的支援を積み重ね、**エビデンス***を蓄積していくことができるのは、保育所の特性ともいえます。このエビデンスを基盤として、子育て支援における各種サービスの改善、自治体の取り組みの改正を視野に入れた提案や提言を行うことが可能となります。保育所は、この特性を十分に認識して、リアルタイムの子どもの声、保護者の声を、自治体の取り組み等に提案・提言を行うマクロ的視点が大切です。このような保育所と協働・連携をマクロレベルで求められる地域施設や関係者は、以下のとおりとなります。

1 福祉事務所（子育て支援、家庭児童相談室）

福祉事務所とは、「社会福祉法」第14条に規定されている「福祉に関する事務所」であり、福祉六法（「生活保護法」「児童福祉法」「母子及び父子並びに寡婦福祉法」「老人福祉法」「身体障害者福祉法」「知的障害者福祉法」）に定める援護、育成または更生の措置に関する事務を司る第一線の社会福祉行政機関です。都道府県および市（特別区を含む

**用語解説*
エビデンス
証拠、根拠を指す。実際の実践によって得られたデータや内容のこと。

は設置が義務づけられており、町村は任意で設置することができます。

1993(平成5)年4月には、老人および身体障害者福祉分野で、2003(平成15)年4月には、知的障害者福祉分野で、それぞれ施設入所措置事務などが都道府県から市町村へ移譲されたことから、都道府県福祉事務所では、従来の福祉六法から福祉三法(「生活保護法」「児童福祉法」「身体障害者福祉法」)を所管することとなりました。

職員の配置としては、「社会福祉法」第15条に基づいて、指導監督・現業を行う社会福祉主事や事務を行う所員などが配置されています。

2 要保護児童対策地域協議会

要保護児童対策地域協議会とは、虐待を受けた子どもをはじめとする要保護児童などに関する情報の交換や支援を行うために協議を行う場です。2004(平成16)年の「児童福祉法」改正において、法的に位置づけられました。

この協議会の利点として、以下の点があげられます[†4]。

▶出典
†4 厚生労働省「要保護児童対策地域協議会設置・運営指針」

・要保護児童などを早期に発見することができる。
・要保護児童などに対し、迅速に支援を開始することができる。
・各関係機関等が連携を取り合うことで情報の共有化ができ、それぞれの役割分担について共通の理解を得ることができる。
・関係機関等の役割分担を通じて、それぞれの機関が責任をもって関わることのできる体制づくりができ、支援を受ける家庭にとってもよりよい支援が受けられる。
・各機関が分担して個別の事例に関わることで、各機関の限界や大変さを分かち合うことができる。

構成員としては、下記のメンバーが参画しています。
①児童家庭福祉関係(市町村の児童福祉主管課、児童相談所、福祉事務所、家庭児童相談室、保育所、地域子育て支援センター、児童養護施設などの児童福祉施設、児童家庭支援センター、児童館、民生・児童委員協議会、社会福祉協議会)
②教育関係(教育委員会、幼稚園、小学校、中学校、高等学校、特別支援学校)
③保健医療関係(市町村の母子保健主管課、保健センター、保健所、医師会、歯科医師会、看護協会)

④医療機関（医師、歯科医師、保健師、助産師、看護師）
⑤警察・司法関係（警察署、弁護士会、弁護士、法務局、人権擁護委員会）など

枠組みとしては、以下の3つから構成されます。

・代表者会議（地域協議会の構成員の代表者による会議［年1～2回開催］）（マクロレベル）
・実務者会議（実際に活動する実務者から構成される会議［年数回開催］）（メゾレベル）
・個別ケース検討会議（その子どもに関わりをもっている担当者や、今後関わりを有する可能性のある関係者などの担当者による会議［随時開催］）（ミクロレベル）

3 児童相談所

　児童相談所は、子どもに関する家庭その他からの相談に応じ、子どもが有する課題または子どもの真のニーズ、子どものおかれた環境の状況などを的確にとらえ、個々の子どもや家庭に最も効果的な援助を行い、子どもの福祉を図るとともに、その権利を擁護することを主たる目的としています。児童相談所における相談援助活動は、すべての子どもが心身ともに健やかに育ち、そのもてる力を最大限に発揮することができるように、子どもおよびその家庭などを援助することを目的として、児童福祉の理念、児童育成の責任の原理に基づき行われています。このため、常に子どもの最善の利益を考慮し、援助活動を展開していくことが必要とされています。

　子どもの課題に対し一貫した相談援助活動を行うとともに、都道府県や市町村などの児童福祉主管部局とも連携を密にしながら、相談援助活動を総合的に企画、実施していくことが必要とされています（図表7-2）。効果的な援助の実施を図るために、地域の関係機関がネットワークを形成し、相互に役割分担しながら、一体となって援助活動を行っています。

　児童相談所は、児童福祉の中核的専門機関として、市町村における要保護児童対策地域協議会の設置や運営を支援するなど、関係機関などの連携に基づく地域援助活動の展開にむけて、市町村とともに中心的な役割を果たすことが求められています。あらゆる機会ならびに多面的な手段により、児童相談所を含む地域の児童家庭相談体制について、家庭や

図表 7-2 児童相談所と市町村の関係

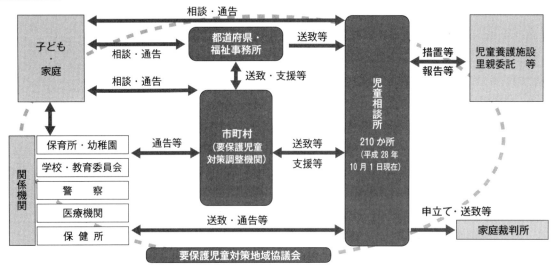

出典：厚生労働省編『厚生労働白書（平成29年版）』資料編、2017年、189頁をもとに作成

地域住民および関係機関などへの周知に努めています。

4 児童発達支援センター

児童発達支援センターとは、地域の障害のある児童を通所させて、日常生活における基本的動作の指導、独立自活に必要な知識技能の付与、または集団生活への適応のための訓練を行う施設です。

施設の形態には、主に福祉サービスを行う「福祉型」と福祉サービスにあわせて治療を行う「医療型」があります。障害児に対する通所施設は、以前は障害種別ごとに分かれていましたが、複数の障害に対応できるよう、2012（平成24）年度より一元化が行われました。ただし、これまでと同様に障害の特性に応じたサービス提供も認められています。

対象は、以下のとおりです。

・福祉型：体に障害のある児童、知的障害のある児童または精神に障害のある児童（発達障害児を含む）とされています。
・医療型：上肢、下肢または体幹機能に障害のある児童、児童相談所、市町村保健センター、医師などにより療育の必要性が認められた児童となります。手帳の有無は問いません。

福祉型児童発達支援センターでは、日常生活における基本的動作の指

導、独立自活に必要な知識技能の付与、集団生活への適応訓練など（児童発達支援）、授業の終了後または休業日に、通所により、生活能力の向上のために必要な訓練、社会との交流の促進などを行う（放課後等デイサービス）、保育所など児童が集団生活を営む施設などに通う障害児につき、その施設を訪問し、その施設における障害児以外の児童との集団生活への適応のための専門的な支援などを行う（保育所等訪問支援）などが実施されています。

医療型児童発達支援センターでは、上肢・下肢または体幹の機能に障害のある児童に対する児童発達支援および治療（医療型児童発達支援）などが実施されています。

5 民生委員・児童委員・主任児童委員

民生委員とは、「民生委員法」に基づいて厚生労働大臣から委嘱された非常勤の地方公務員です。社会福祉の増進のために地域住民の立場から、生活や福祉全般に関する相談援助活動を行っています。すべての民生委員は、「児童福祉法」によって児童委員も兼ねており、妊娠中の心配ごとや子育ての不安に関するさまざまな相談や支援を行っています。

核家族化がすすみ、地域社会のつながりが薄くなっている今日、子育てや介護の悩みを抱える人や障害者・高齢者などが孤立し、必要な支援を受けられないケースがあります。そこで、民生委員・児童委員が地域住民の身近な相談相手となり、支援を必要とする住民と行政や専門機関をつなぐパイプ役を務めています。

また、民生委員・児童委員の一部は、厚生労働大臣により主任児童委員に指名されています。主任児童委員は、子どもや子育てに関する支援を専門に担当する民生委員・児童委員で、1994（平成6）年に制度化されました。特定の担当区域をもたず、区域担当の民生委員・児童委員と連携しながら子育ての支援や児童健全育成活動などに取り組んでいます。

6 地域子育て支援拠点事業

地域子育て支援拠点事業とは、地域で子育てを支えるため保護者同士の相互の交流を図り、子育ての不安や悩みを相談し、助言や援助を受けられる場所を設置する事業をいいます。子育て中で外出機会の少ない保護者の身近な場所で、孤独感や不安を和らげ、子どもの健やかな成長を支援することが目的です。

市町村が実施主体として、社会福祉法人やNPO法人、民間事業者などに委託するなどして、週3〜5日程度、子育ての知識や経験の豊富な

専任者を常駐させて開設しています。2015（平成27）年度からは地域子ども・子育て支援事業の一つとして組み込まれ、「一般型」と「連携型」の2つに再編されました。

一般型は、おおむね3歳未満の子どもと保護者が気軽に立ち寄り、相互に交流を図るための常設施設です。保育所や公共施設の一角、商店街の空き店舗などを活用し、週3日以上、1日5時間以上の実施を目安としています。子育ての知識と経験を有する専任者を2名以上配置し、親子が集う場を常設することが困難な場所へ出向き、交流のための出張ひろばを実施する取り組みも行われています。また、一般型では地域のさまざまな世代とのつながりが重視されていて、ほかの団体と連携した伝統文化、民間行事などへの参加をはじめ、家庭への訪問支援などによって、子育て親子と地域の継続的なつながりも図られています。

連携型は、児童館や児童センターまたは保育所といった児童福祉施設などに、原則として週3日以上、1日3時間以上開設される支援拠点をいいます。子育て中の親子が遊んだり、親同士で会話や情報交換が行える場所を設け、また、育児や保育に関する相談、指導のできる専任者を配置し、児童福祉施設の職員も協力しながら専門的な講習などが実施されています。

このほかには、地域機能強化型として、公共施設や保育所などにおいて、週5～7日、1日5時間以上を目安に、子育て家庭が子育て支援の給付・事業のなかから適切な選択ができるよう情報の集約・提供（利用者支援機能）、世代間交流や訪問支援、地域ボランティアとの協働（地域支援機能）なども実施しています。

7　市区町村子ども家庭総合支援拠点

2016（平成28）年に成立した、「児童福祉法等の一部を改正する法律」において、市町村は子どもの最も身近な場所における、子どもおよび妊産婦の福祉に関する支援業務を適切に行わなければならないことが明確化されました。子どもとその家庭および妊産婦などを対象に、実情の把握、子どもなどに関する相談全般から、通所・在宅支援を中心としたより専門的な相談対応や必要な調査、訪問などによる継続的なソーシャルワーク業務までを行う機能を担う拠点の整備に努めなければならないと規定されました。

市町村は、すべての子どもの権利を擁護するために、子どもの最も身近な場所における、子どもの福祉に関する支援などにかかる業務を行うことが役割・責務とされていることを踏まえて、子どもとその家庭およ

び妊産婦などを対象に、実情の把握、子どもなどに関する相談全般から、通所・在宅支援を中心としたより専門的な相談対応や必要な調査、訪問などによる継続的なソーシャルワーク業務までを行うことが求められています。

実施主体は市区町村ですが、市区町村が適切かつ確実に業務を行うことができると認めた社会福祉法人などに、その一部を委託することができます。

支援の対象は、その地域に居住するすべての子どもとその家庭（里親および養子縁組を含む）および妊産婦などとなります。

業務内容としては、コミュニティを基盤にしたソーシャルワークの機能を担い、すべての子どもとその家庭および妊産婦などを対象として、その福祉に関し必要な支援にかかる業務全般を行います。その支援にあたっては、子どもの自立を保障する観点から、妊娠期（胎児期）から子どもの社会的自立に至るまでの包括的・継続的な支援に努めます。さらに、今般の「児童福祉法」などの改正を踏まえ、要支援児童もしくは要保護児童およびその家庭または特定妊婦などを対象とした、要支援児童および要保護児童ならびに特定妊婦等などへの支援業務について強化を図ります。

運営方法としては、要保護児童対策地域協議会、子育て世代包括支援センター（利用者支援事業［母子保健型］、利用者支援事業［基本型］）、家庭児童相談室などとの関係をもって実施されますが、地域の実情に応じた多様な運営方法などを工夫することが可能となっています。

8　子育て世代包括支援センター

子育て世代包括支援センターでは、妊娠期から子育て期にわたるまでのさまざまなニーズに対して、総合的相談支援を提供するワンストップ拠点としての整備が図られています。今まで市町村の保健センターなどで実施されていた妊娠・出産期の支援の取り組みや、総合的な相談支援を、妊娠期から子育て期にわたるまで、地域の特性に応じ、専門的な知見と当事者目線の両方の視点を生かし、必要な情報を共有して切れ目なく支援する相談窓口を開設しています。

妊産婦、子育て家庭の個別のニーズを把握したうえで、情報提供、相談支援を行い、必要なサービスを円滑に利用できる地域のさまざまな関係機関とのネットワークを構築し、必要に応じきめ細かく支援を実施しています。具体的な支援としては、各ステージにおいて次のような取り組みが実施されています。

参照
子育て世代包括支援センター
→レッスン6

妊娠期においては、妊娠届出の機会に面談を行うことなどにより、すべての妊産婦などの状況を継続的に把握し、心身の不調により手厚い支援を要する者などについて、関係機関と協力して支援プランを策定します。また、産前・産後サポート事業などによる、助産師などの専門家による相談支援、あわせて妊婦健康診査、両親学級などの場での妊婦に対する保健指導・支援も行います。

出産直後は、①産前・産後サポート事業などによる助産師などの専門家による相談支援、②産後ケア事業による出産直後の母子への心身のケアや育児のサポート、③乳幼児健康診査・新生児訪問などによる保健指導・支援、生後4か月までに、乳児のいるすべての家庭を訪問し、子育て支援に関する情報提供や養育環境などの把握（乳児家庭全戸訪問事業）、④養育支援が特に必要な家庭に対して、その居宅を訪問し養育に関する指導・助言などを行うことにより、当該家庭の適切な養育の実施を確保（養育支援訪問事業）を行います。

子育て期は、子育て中の親子が相互交流を行う場所における相談・情報提供など（地域子育て支援拠点事業）、家庭での養育が一時的に困難になった子どもについての不定期の預かりサービス（一時預かり、ファミリー・サポート・センター事業、ショートステイ・トワイライトステイ事業）、保護者の就労状況などに応じた認定こども園・幼稚園・保育所・家庭的保育事業などの利用、児童虐待の発生予防・早期発見・早期対応・子どもの保護・支援・保護者支援、疾病や障害のある子どもの支援を行います。

また、子育て世代包括支援センターの中核となる事業の例は、以下のとおりです。

①利用者支援事業（母子保健型）：地域子ども・子育て支援事業の1類型
・保健師などの専門性を生かした相談支援を行い、母子保健を中心としたネットワーク、医療機関、療育機関などにつなげる。
・主として、市町村保健センターなど母子保健に関する相談機能を有する施設で実施。
②利用者支援事業（基本型）：地域子ども・子育て支援事業の1類型
・当事者目線で相談支援を行い、子育て支援に関わる施設や事

業などの利用につなげる。
・主として、地域子育て支援拠点など身近な場所で、日常的に利用でき、かつ相談機能を有する施設で実施。
③市町村保健センター：「地域保健法」に基づき、市町村が設置
・市町村の直轄組織であり、妊娠届出の受理や母子健康手帳の交付などの行政事務との連携が容易。
・保健師が配置され、専門性が高い。

9 子育て援助活動支援事業（ファミリー・サポート・センター事業）

　子育て援助活動支援事業とは、乳幼児や小学生など子育て中の家族を会員として、児童の預かり援助を提供する者と、当該援助を希望する者との相互援助活動に関する連絡・調整を行う事業のことをいいます。
　援助活動の例としては、以下があげられます。

・保育施設までの送迎
・保育施設の開始前や終了後または学校の放課後の対応
・保護者の病気や急用などの場合の対応
・冠婚葬祭や兄弟姉妹の学校行事の際の対応
・買い物など外出の際の対応
・病児・病後児の対応
・早朝夜間などの緊急預かり対応

4. マクロレベルにおいて保育士に求められる役割

　保育士は、日々の保育場面において、多くの時間を子ども集団への関わりや個別の関わりに費やしています。その活動は、いわば親代わりとなって子どもの養育を担っているといえるでしょう。保育士は、その専門性を発揮して子ども一人ひとりの発達援助を継続的に行い、保育所内のさまざまな専門職と連携して支援に取り組むことが可能です。そして、所内で蓄積された支援力を、地域の公的機関として、保護者や地域住民に還元（積極的かつ効果的な支援）することが求められています。その

ためにも、保育士が地域のニーズを把握し、地域のさまざまな専門職などとつながり、顔の見える関係性を築き上げて、地域を巻き込んだ形での子育て支援のしくみが必要とされているといえるでしょう。

　保育士は、自らの仕事がもつ専門性に気づき、日々保護者とともに子どもを育てている視点に立つことが求められます。そのためには、子どもや保護者が日々の生活を営む地域のサービスが、当事者の視点に立った取り組みを実践できているかどうかを検証できる目が必要となります。地域の必要性に気づき、その地域を巻き込みながら、子育て家庭のニーズを発見し、ニーズに対応できるサービスや施策の改善（改正）を提案・提言していける力量が求められるといっても過言ではありません。「保育所保育指針」に子育て支援の章が設けられたのは、実にマクロレベルにおいて保育士がその専門性を発揮することが求められているからだといってもよいでしょう。

　まさに、保育士が保育所内の支援を基盤として、地域に赴いていく時代を迎えています。

演習課題

①「保育所保育指針」第4章を読んで、保護者に対して支援を行う際に求められる基本的な態度についてまとめてみましょう。
②「児童の権利に関する条約（子どもの権利条約）」の前文を読んで、子どもの最善の利益とは何か、理解を深めましょう。
③みなさんが住んでいる地域には、子育て支援を行う地域施設として、どのような施設が備えられているか、調べてみましょう。

レッスン 8

保育ソーシャルワークの技術（1）

保育ソーシャルワークの実践において、コミュニケーション技術・面接技術は最も必要とされる技術です。技術はすぐに身につくものではありませんが、支援の構造と用いられる技術の理解を深め、練習や実践を積み重ねて、少しずつ活用できることを目指していきましょう。

1. 保育ソーシャルワークの面接技術を学ぶ前に

1 保育の環境をとおして行われる相談支援

保育ソーシャルワークは、**さまざまな場面で展開されます**。保育所への登降園時、保護者懇談会や参観日、家庭訪問、あるいは一時保育や園庭開放、育児サークルなど、さりげない関わりのなかで始まる場合が多いのです。その相談内容も子どもに関する日常的な問題から、発達の遅れ、障害、被虐待児への対応など専門性を要する深刻な相談まで、一時的な関わりで終わることもあれば、継続性を必要とする場合もあります。専門機関のような特定の場所で、面接室のような空間で相談を受けるのとは異なり、多種多様な場面でさまざまな対応が求められるのです（図表8-1）。

子どもとその家庭の福祉を担う機関・専門職は多岐にわたりますが、保護者に最も身近な存在であるのが保育者です。保育者は、日常的な支援や関わりをとおして気軽に相談に乗ったり、子どもや保護者の変化や

◆ 補足
生活場面面接
レドル（Redl, F.）らによって発展した面接方法。ソーシャルワークの理論的なアプローチが医学モデルから生活モデルへと移行するなかで、面接自体もこれまでの面接室のような場所、空間、時間が定められ構造化されたものから、立ち話、ちょっとしたその場での会話など構造化されていない面接へと移行している。近年では福祉サービス利用者の生活に寄り添う形で提供される面接方法として、また、生活者という視点でクライエントをサポートするソーシャルワークの援助技術として広まっている。

図表 8-1 日常的・継続的な支援の機会

入所児童の保護者への支援
①日常的な関わり
　（送迎時の対応・連絡ノート・お便りなど）
②保護者懇談会
③保育参加
④園内行事
⑤個別面談
⑥保護者同士の自主活動

地域の親子に向けた支援
⑦地域に向けた施設や設備の開放
⑧親子の交流（遊び・活動など）
⑨体験保育・講演などのプログラム
⑩子育てに関する情報提供
⑪子育ての相談
⑫一時保育

出典：金子恵美『増補 保育所における家庭支援——新保育所保育指針の理論と実践』全国社会福祉協議会、2010年、52頁

SOSをいち早く発見したりすることができます。また保育所などでは、「集団のなかの一人」というように、子ども同士の対等な関係のなかで、日々の子どもの成長・発達を見守った支援も可能です。保育に関する専門性を有する保育者が、家庭との密接なやりとりのもとに、子どもの生活と発達過程を踏まえ、保育の環境をとおして行われる支援に、保育ソーシャルワークの特性があるといえます。

2 保育ソーシャルワークにおける支援の構造

次に、保育ソーシャルワークにおける支援の構造について理解をしておきましょう。

保護者は、「今の状況をなんとかしたい」「親として子どものために何ができるのか」というような現状を変えたいという思いを抱いて、相談にやってきます。ここで注目すべきことは、支援を求めて一歩を踏み出したという行動力です。「助けてほしい」という相談への行動は、保護者がもっている力であり、強さの証でもあります。支援者はこの「強さ（ストレングス）」をテコにして、保護者の成長へと結びつける支援の手がかりを見いださなくてはなりません。

一般的に、"ソーシャルワークとは相談援助"といわれますが、その実践は保護者の話を聞き、それに見合う対処の方法や社会資源に結びつけるという単純なものではありません。保護者が抱えている問題の背景や構造を理解し、それらの問題の解決にむけて保護者自身が主体的に取り組む過程を支えることです。

どのような支援であっても、保護者自身が支援を受けて変わろうという意思をもち、問題を解決する主体者としての参加がなければ成り立ちません。子育て支援において、家に帰ってからの生活を成り立たせるのは、支援者ではなく保護者とその家族です。保護者が自分のなかにある可能性に気づき、みずから動き始めることによって支援は始まります。

したがって、保育ソーシャルワークによる支援の構造は、信頼関係に基づいた支援者と保護者との相互関係を利用しながら本来もっている「力」を取り戻し、活用できるすべての社会資源を駆使して、保護者が主体となって問題の解決にむかって共同して展開されるものであるといえます。

◆補足
強さ（ストレングス）
クライエントの欠点に着目するのではなく、その潜在能力（意欲・才能・技能・好み・性格のよい部分・願望など）や環境（資産・人間関係・社会資源など）など、ストレングス（強さ、強み）に着目し、尊重し、それを生かした支援をしていくことにより、利用者自身が主体となり、支援者と対等で共同的な関係で問題解決していく視点のことをいう。
→レッスン4

2. 保護者を受容する環境設定と支援者の姿勢

1 支援者との出会いのなかで何が起こるのか

みなさんは、どんなときに人に相談をしますか。自分の力ではどうすることもできないとき、誰かの意見を聞きたいとき、背中を押してほしいとき、さまざまな理由が想定されます。そして、どんな人物になら胸の内に抱えている不安や悩みを打ち明けることができますか。おそらく、自分のことのようにゆっくりと話を聞いてくれる人、いろいろ工夫をしてくれながらも、安請け合いをせず、適切な助言をしてくれる人ではないでしょうか。相談していく過程で、自分ではどうすることもできなかった不安や困惑から抜け出して、これまで抱えていた問題の軽減につながっていけば、どんなによいでしょう。

相談に訪れる保護者も同じです。子育ては、さまざまなトラブルの連続の毎日ですが、保護者のこれまでの知識や対処の方法では、手に負えなくなったときに相談という形で助けを求めます。そのときに、支援者として保護者が抱える心配、苦悩、葛藤、不安をどのような態度で受け止めるのか、どのような言葉を必要としているのかを考えなくてはなりません。

保育ソーシャルワークにおいて、**ラポール**＊の重要性が強調されますが、はじめから信頼関係が形成されているわけではありません。支援者には、保護者が直面している問題を媒介にして意図的に関わりながら、混乱と不安を軽減し、**心理的社会的支援**を可能にするような信頼関係を築くことが絶えず求められます。自分の問題を理解してくれ、「いい人に会えた」「いい場所を知った」「この人に本気で相談してみよう」という関係から、保護者が支援者とともに問題を乗り越えていこうとする力が生まれてくるのです。

2 共感的理解をすすめる支援者の態度としての基本原則

保護者の**受容**と共感的な理解は、支援者の最も基本的な姿勢です。保護者が抱える悩みや相談には、子育てや子どもの障害、家庭内の問題、経済的な問題、仕事（就労）など、家庭を取り巻く環境や保護者自身が抱える問題が影響していることが多いのです。どのような相談内容であっても保護者は一種の「危機」に直面しているのであり、支援者を信頼して相談に至った経緯を考えなくてはなりません。

相談の内容によっては、支援者の側には受け入れがたい感情や、「そ

※ 用語解説
ラポール
支援関係の基本となる。クライエントと作り上げる相互に信頼感をもった、親和的で調和のとれた状態を指す。

◆ 補足
心理的社会的支援
心理的支援は、信頼関係をベースにしたコミュニケーションを図りながら、情緒的な安定を目指す。社会的支援は、関係機関につないだり、情報提供をしながら本人を支えるネットワークをつくることを目指す。

参照
受容
→レッスン7

んなことで困っているのか」というような内容もあるかもしれません。しかし、そうした支援者側の感情は取り除き、訴えかけてくるその気持ちに寄り添って聞くことが大切です。保護者がこのように訴えなければならなくなったその背景を推し量り、どんな内容であってもそう訴えざるを得ない現状があることを考慮し、共感することから保育ソーシャルワークは始まります。

ヘイヴンズ（Havens, L.）は共感について、「共感とは、他者のなかに入り込み、その思考、感情、衝動などを共有すること[†1]」であると述べています。つまり、相談支援においては、相手の情緒を受け止め、同じような情緒を自身のなかに体験するということ、相手のおかれている状況や直面している課題の内容を本人の不安や混乱を含めて具体的に認識することであるといえるでしょう。保育やソーシャルワークでは、「相手の目線に立つ」ことの重要性がいわれますが、支援を必要とする人々がどのような気持ちで相談に訪れたのかを理解することが大切です。

ソーシャルワーカーの援助姿勢の原則に「**バイステックの7原則**」があります。これは、要約すると次のようになります。支援にあたっては、①個別化の原則を守り、②意図的な感情表出を促し、③統制された情緒的関与を深め、④受容的な態度を堅持し、⑤非審判的態度を貫き、⑥クライエントの自己決定の原則、⑦秘密保持の原則を固く守る、というものです。この7原則は、ソーシャルワーク援助の拠って立つ価値と、守るべき態度、倫理を含んでいます。それは、裏返すと保護者が求めているニーズ（思いや欲求）にもなります。

したがって相談支援において、「よく聞く話です」「みなさんそうですよ」「たいしたことはない」といった応答が不用意になされてはなりません。それが、励ましのメッセージを伝えたいという善意から出た言葉であっても、それを聞いた途端に、この支援者は私の苦しさをわかってくれていないと感じてしまいます。保護者は万策尽きた思いで悩んでおり、困っているから相談に来るため、その問題は「たいしたことはない」と言われるとは予期していません。相談支援は、保護者の困惑を受容的に受けとめ、真摯に向き合うことからはじまります。

バイステックの7原則は、相談を受けるにあたっての基本原則です。このような、原則に基づいて責任のある対応を行う専門職であることを前提として、保護者はそれぞれの家庭内の出来事や自身の弱さなど、通常は他人には知られることを避けたいことでも、ためらうことなく支援者には語ってくれるのです。

▶ 出典
†1 ヘイヴンズ、レストン／下山晴彦訳『心理療法におけることばの使い方――つながりをつくるために』誠信書房、2001年、18頁

◆ 補足
バイステックの7原則
アメリカのケースワーカーで社会福祉学者のバイステック（Biestek, F. P.）が1957年に『ケースワークの原則』で記した7原則である。この7原則は、ケースワーカーの行動原理ということができる。これらの原則は援助に関する基本的な事実に基づいた原則であり、ケースワーカーの援助行動に何らかの影響や指針を与え、ワーカーの行動を導くものであり、現在においてもケースワークの基本的な作法として認識されている。日本では尾崎新・福田優子・原田和幸訳『ケースワークの原則――援助関係を形成する技法』誠信書房、2006年の形で出版されている。
→レッスン5 図表5-1

3 準備的共感と支援における環境設定

保育ソーシャルワークにおける支援の構造と支援者としての態度を述べてきました。ここで改めて考えてみてください。保護者はどのような不安を抱えて相談に来るのでしょうか。

さまざまな相談に応じる保育ソーシャルワークでは、相談に来た保護者が抱く2つの不安への適切な配慮がなくてはなりません。1つは、相談者自身が抱えている問題に関する不安です。もう1つは、相談相手がどういう人で、自分の話に耳を傾けてくれるか、どういう扱いを受けるのかという不安です。専門職とはいえ、見ず知らずの他人に家庭内のこと、あまり人に話したくない事柄について話すことには、不安と緊張があることを支援者は十分に理解する必要があります。

支援者は、保護者にとって相談しやすい環境をつくる責任があります。相談の内容によっては、園庭や廊下などの立ち話ではなく、プライバシーが確保できる落ち着いた雰囲気の部屋などが必要なときもあります。相談する場所、支援者の節度、静穏な雰囲気などの環境を整えることで、保護者の安心感や支援者に対する信頼感が生まれます。

また、支援者は保護者が毎日どのような不安のなかで生活をしていたのか、どういう思いで相談に来たのかについて考える視点をもつことが大切です。そして、温かい気持ちで迎え入れることができるように、みずからの内面を整えることが求められます。

> ◆補足
> **準備的共感**
> 支援者自身の気持ちを落ち着かせて、保護者の気持ちを感じられるように心の準備をすること。

3. 保育ソーシャルワークに必要なコミュニケーションスキル

1 言語コミュニケーションと非言語コミュニケーション

コミュニケーションといえば、すぐに思いつくのが言葉によるコミュニケーションですが、話が上手だからといってコミュニケーションが成り立つわけではありません。

コミュニケーションは、大きく2つに分けることができます。私たちが日頃から音声や文字などを媒介にして行う「言語コミュニケーション（Verbal Communication）」と、もう1つは、言語を使用しない「非言語コミュニケーション（Nonverbal Communication）」です。

たとえば話すスピードやトーン・服装・姿勢・身振り・表情・しぐさ・目の動き・接触（タッチ）、距離などの表現方法に合わせて、照明・色彩・温度・家具の配置などの物的環境も含まれます。心理学者のメラビアン（Mehrabian, A.）は、聞き手が話し手の印象を決める要素は、7％の「言

図表8-2 動作と心理状態

眉間のしわ	いらだち、何かへの集中、警戒、驚き、恐怖
頬やあごをなでる	不安、自信喪失、思案、鎮静
しかめ面	不機嫌、不快、苦痛、警戒
開口	放心状態、無関心、集中、驚き
両腕を組む	尊大、相手への見下し、拒否の態度、防衛反応、不同意、相手の受け入れ（上半身がゆったりしている）および拒否（上半身が緊張している）の意思表示
貧乏ゆすり、足組み	いら立ち、強迫的
手で口を覆う	動揺、不安の鎮静

出典：笠師千恵・小橋明子『相談援助 保育相談支援』中山書店、2014年、60頁をもとに作成

語的な要素」よりも、93％の「非言語的な要素」が重要であることを指摘しています。言語的な要素よりも非言語的な要素の占める割合が大きいということです。

人が無意識に示す何気ない動作には、そのときどきの心理的状況が映し出されます（図表8-2）。これは、保護者だけではなく支援者側も同じです。言葉だけではなく、自身の立ち居ふるまいなどの言動に注意を払い、相手にどのようなメッセージが伝わっているのかに敏感でなくてはなりません。また、図表8-3に示すように相談面接の内容によって座り方や距離に工夫をすることも必要です。

2 求められる質問力

質問は、保護者の考えや意見を引き出したり、情報の収集や確認を行うための重要な言語技術です。相談面接では、効果的な質問の技法が求められます。質問の技術には、大きく「閉ざされた質問」と「開かれた質問」という2つの質問の形式があります（図表8-4、8-5）。

「閉ざされた質問」とは、相手が「はい」「いいえ」や「ここまで何分ぐらいかかりましたか？」というように、数値などで簡単に答えることのできるものです。この方法であれば、限られた時間のなかで、支援者のペースで情報の収集が可能ですが、「閉ざされた質問」を繰り返していれば、保護者は何か一方的に情報を集められているかのような感覚を抱いてしまい、「受容」「共感」という関わりには結びつきません。

一方の「開かれた質問」とは、「そのとき、お母さんはどうされたのですか？」というように、保護者のペースを尊重しながら、感じていることや考えていることを保護者自身の言葉で語ってもらうためのものです。図表8-6に示されているように、「③繰り返し」「④感情の反射・感情の明確化」「⑤要約」などにおいては、保護者の表現を的確に受け

レッスン8　保育ソーシャルワークの技術（1）

図表8-3　相談面接における座る位置と距離による違い

Ⓐ **対面法**
　人と人が正面からむき合う方法です。相手の表情や動作をみることができますが、常に対面しているため、相手に強い緊張を抱かせることもあるので注意が必要です。説明や指導をする場合や重要な議論をする場合などに用いられます。初対面やさりげない会話の場合には、座る位置をずらすことで緊張が緩和されます。

○テーブルにむかい合って座る方法

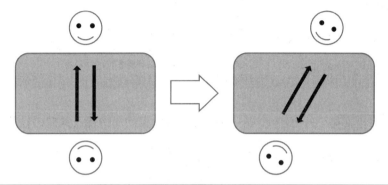

Ⓑ **直角法**
　テーブルの角などを利用して、人と人が90度の位置に座る方法です。お互いの存在が視野に入っていますが、視線を真正面から受けることがないので、それほど緊張することなく話すことができます。話を引きだす場合や、初対面でのさりげない会話などに用いられます。

○テーブルの角をはさんで座る方法

Ⓒ **傾斜法**
　ベンチやイスなどに双方が肩を並べて座る方法です。親近感が得られやすく、緩やかに視線が交差するため相手に緊張を強いることなく、自分の気持ちや素直な思いを話すことができます。相手の苦痛や苦悩、不安などの訴えを傾聴する場合に用いられます。保育ソーシャルワークにおいては、園庭などの立ち話などで最も用いられる方法と考えられます。しかし、相手の表情がわかりにくいこともあるので注意をしましょう。

○いすに座って心もち互いのほうをむいて話す方法

出典：笠師千恵・小橋明子『相談援助　保育相談支援』中山書店、2014年、60頁をもとに作成

図表8-4　閉ざされた質問の例

チェックリスト方式	「昨夜はよく眠れましたか」　はい／いいえ
確認をしたい場合など	「ご家族は何人ですか?」「それは○月×日のことですね」

図表8-5　開かれた質問の例

面接を始める場合	「今日は、どのように来られましたか?」 「どのようなことでお困りですか?」
くわしい内容を知りたい場合	「具体的には、どのような状況でしたか?」 「ご家族はそのことについて何ておっしゃっていますか?」
感情に着目したい場合	「そのときは、どのようなお気持ちでしたか?」 「今のご気分はいかがですか?」

図表8-6　ソーシャルワークにおける代表的な傾聴と質問の技術

①傾聴（アクティブ・リスニング）	耳を傾けて相手の話をよく聴く。特に、相手の心や気持ちを聴くように心がける。
②簡単な受容	聴いていることの意思表示として、タイミングよくうなずいたり相づちを打ったりする。聴いてもらえている、わかってもらえているという安心感や信頼感につながる。
③繰り返し（リピート）	話すことにとまどいがあったり、感情が込み上げてきて言葉になりにくいときなど相手のペースに添って、直前の言葉を繰り返す。あるいは、発言のなかで重要と思われる言葉を取り上げ、繰り返す。
④感情の反射・感情の明確化	相手が感じている感情を受け止め、言葉にして返したり、相手が自分でもつかめていない感情を明確に言葉にして返したりする。自分が経験している感情が鏡のように映し出されることで、深いレベルで理解されているという信頼を生む。自分の感情に気づき、整理することにもつながる。
⑤要約	まとまりなく話したり、混乱しているような場合に、話を要約して返す。問題が焦点づけられたり、内面が整理されたりするのに役立つ。
⑥支持	相手の発言のなかで表現された感情や考えやとった行動などを肯定し、認める。気が楽になったり、励みになったりする。自信と自己受容が高まる。
⑦質問の仕方を工夫する	閉ざされた質問と開かれた質問を効果的に用いる。焦点を定めたり、問題を掘り下げたり、話を広げたり、自分の言葉でくわしく語ってもらうことなどに役立つ。「なぜ」という質問は避けたほうがよい。
⑧非言語的コミュニケーションを大切にする	面接は言語をとおして行われるが、表情、視線、身振り、姿勢、態度などの非言語的手段や、声の抑揚などにも注意を払う。話しやすい雰囲気をつくったり、受容・共感・誠意などを伝えるうえで重要である。
⑨沈黙を適切に扱う	どのように表現するか迷っていたり、考えをまとめたり、気持ちを整理したり、洞察が進んでいたりするときの沈黙は、そっと大切にしておく。不安になったり、焦って話しすぎたり、話題を変えたりしないよう注意する。不本意、不満、反発などの表れである沈黙は、取り上げて対処する。

出典：寺見陽子「かかわりの技術」名倉啓太郎監修、寺見陽子編著『子ども理解と援助——子ども・親とのかかわりと相談・助言の実際』保育出版社、2004年、153頁をもとに作成

止め、受容的な聞き手のなかで少しずつの言い換えによって明示することで、問題状況の整理、課題への認識、これまでの課題に対する自身の行動などへの理解を深め、新しい方向への行動が生まれていきます。

　そのなかでよく用いられるのが、相づちによって本人の語りをすすめることです。「確かに」「それで？」「それから？」などの言葉を使うことで聞いているという意思を示したり、「そうだったんですか」という驚きと関心を示す言葉などにより話を促したりします[†2]。こうした言葉を自由に使いこなし、「閉ざされた質問」と「開かれた質問」を組み合わせることが、支援を効果的にすすめるために有効です。

▶出典
†2　窪田暁子『福祉援助の臨床――共感する他者として』誠信書房、2013年、81頁

3　沈黙を尊重する

　さらに、相談面接において「質問」と並んで重要なのは「**沈黙**」です。保護者に「どうしてだと思いますか？」と聞いた途端に黙ってしまうことがあります。支援者にとって沈黙は、落ち着かない気持ちにさせてしまうかもしれませんが、一般的に相談面接における沈黙には、次の4つが考えられます。

　①話し合いを続けることに対する拒否的感情
　②強い不安、緊張からくる無意識的な反応
　③どのように考えていいのかわからない、とまどいの沈黙
　④新たな展望を切り開くために思案し、考え込んでいる沈黙

　こうした沈黙を支援のなかで生かしていくことも保育ソーシャルワークでは必要です。支援者があまりに話しすぎてしまったり、自分の考えを先に言ってしまったりすれば、保護者は自身の意思や意見の表明を控えたり、みずから考えることができなくなったりしてしまう可能性があります。大段は、「沈黙のなかでこそ、最も激しく深い感情が流れているのであり、また、沈黙のなかでこそ、飛躍的な一歩前進が準備されていることに気づかねばならない[†3]」と沈黙のもつ意味を説明しています。したがって、相談面接のなかでは、相手の沈黙を尊重するという姿勢が大切であるといえます。

▶出典
†3　大段智亮『面接の技法』メヂカルフレンド社、1978年、117頁

4.　保護者自身が変わるきっかけをつくる

1　"相談するきっかけ"と"問題への対処"に着目

　それでは、実際の支援方法について考えてみましょう。相談支援をすすめるなかで、「相談ごとの表にでている部分」（**主訴**[*]）と「その裏側

✳用語解説
主訴
クライエントが支援者に対して行う具体的な訴え。

に隠れている部分」を考えていく必要があります。主訴は「ある意味相談しやすい部分」であることに注意をすることです。保護者のおかれた状況やその背景を理解することによって、問題の受け止め方は大きく変わってきます。

相談の背景を知る一つの方法として、"なぜ今日""ここに"相談をしようと決意したのかという相談するきっかけと、問題（相談ごと）・課題への対処行動に焦点を当てることが有効です。つまり、相談のきっかけを知ることは、本人（保護者）や家族がこれまでどのように問題とむき合い、対処してきたのかを知ることにつながります。直近の問題発生時には、どのような対応をして何がうまくいかなかったのかをていねいに聞くことにより、問題の背景とその課題についてもう一段階すすんだ理解ができるのです。

実際の相談場面では、子育てにおいて日常的な場面（たとえば、食事や遊び）などをとらえて、その間の子どもの様子、子育ての工夫、周囲からの協力などを尋ねることも有効です。これまで努力してきたことを励ましたり、「今までとまったく違った方法を試してみませんか」と別の考え方を提案したりすることにつなげることもできます。

2 保護者の「気づき」を促す

さらに、保護者が語る主訴やニーズには、そこに潜んでいる別の問題性に気づいていないと思われるケースがあります。たとえば、子どもに対する厳しい言動について、「しつけとして当然」と主張したり、過干渉についても保護者自身は「子どものためにやっている」「教育熱心」と思い込んでいる場合があります。そのような保護者に「何か困ったことはありますか？」「何が問題ですか？」と問いかけてもその問題には切り込めず、具体的な改善は望めません。支援をすすめていくなかで、自身の問題を客観的に認識していない保護者に対しては、的確な質問によって主訴の背景にあるさまざまな要因を見極めることが求められます。

そのために、支援者は自己表現を助ける役割を担いながら、保護者ができるだけ自分の言葉で、自分の問題を表現できるように支援することが必要です。育児場面や体験を語るということは、保護者が自身の頭のなかで整理し、もう一度その場面を再現して理解することになります（図表8-7）。

窪田は、「専門的援助関係のなかで他人（ワーカー）に受容され、傾聴され、理解される体験自体が、問題を客観的に明らかにするとともに本人の問題認識および解決能力を高める手段である[4]」と述べており、

▶出典
[4] 窪田暁子「社会福祉の方法・技術」一番ケ瀬康子・真田是編『社会福祉論[新版]』有斐閣、1975年、94-95頁

図表8-7 保護者の「気づき」を促す支援の構造

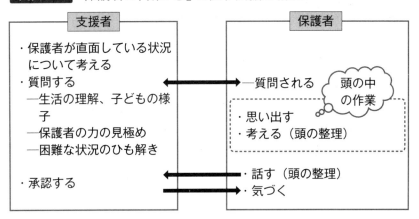

保護者の自発的な動きを尊重した支援者との関わりが主体的な問題解決につながるとしています。

保護者に投げかけられる言葉（質問）は、単に情報収集のためではなく、それに答えるなかで自分の行動を客観的に見直し、子どもや家族の行動を思い出すことで、問題やニーズを支援者とともに考え、解決の手がかりを発見する「気づき」を促すことができるものでなくてはなりません。

3 スモール・ステップによる支援の組み立て

具体的な支援の展開では、直面している問題や乗り越えるべき課題を、保護者が対処しやすいサイズに調整し、「本人の力量に見合った大きさの課題に切り分けてステップを踏むように問題解決の方向性を見いだすこと[5]」が重要となります。家庭内の問題を早急に解決しようと考えてはいけません。①至急対応しなくてはならない問題、②時期をみながらゆっくりと変えていくべき問題、③教育的機会を設けて考え方の転換から始めなくてはならない問題、④支援プログラムをとおした体験が最も効果的である問題などを分けて考えることが必要です。

そして、**支援の目標・方法・期間の関係性**を考慮しながら、現在の課題を明確化し、当面の目標をわかりやすい言葉で表現し、どのくらいの期間で達成していくのかを示していくことです。どんなによい目標を立て、それが保護者に望ましいものであったとしても、その内容が現実的なものでなくては意味がありません。小さな成功体験を積み上げていくなかで、個人の力（対処能力）を強化し、階段を一段ずつ昇るように確かな変化を支える支援が求められます。

▶出典
[5] 結城俊哉「社会福祉援助実践の技法」植田章・岡村正幸・結城俊哉編著『社会福祉方法原論』法律文化社、1997年、134頁

◆補足
支援の目標・方法・期間の関係性

5. 保護者に寄り添う支援にむけて

　このレッスンでは、保育ソーシャルワークにおける面接技術を述べてきました。相談面接は、よい聞き手になることから始まります。面接は指導や説得ではなく、本人（保護者）がみずからの力を取り戻して、主体的に乗り越えていく過程を見守ることです。支援者に受け入れられるなかで、自身とむき合い「気づき」と「成長」を見い出し、その保護者なりの方法で乗り越えていくことを支援していくことを目指していきます。

　そのため相談支援は、チェックリストやマニュアルなどに沿ってすすめてはいけません。支援者は相手から得た情報や反応に基づいて、次の質問や、呼びかけ、説明、慰め、励ましなどを、みずからの言葉やしぐさによって保護者に伝達することになります。そこで用いられる言葉は、しゃがみ込んでいる人に手を差し伸べるように、それにふさわしい高さ・強さ・柔らかさ・鋭さ・優しさをもつものとして用いられるべきであり、表情・しぐさ・視線・距離がともなっていなければなりません。

　面接技術は簡単に身につくものではありませんが、保育ソーシャルワークを学ぶ者同士の議論と対話から、お互いの技術を磨き合い、ゆっくりと積み重ねていけば、いつしかそれは身についた力となって、実践につなげることができるようになります。

演 習 課 題

①保護者が抱える不安や悩みに今日の社会状況がどのような影響を及ぼしているのかを考えてみましょう。

②相談面接のなかでよく使う「閉ざされた質問」を「開かれた質問」にいい換えてみましょう。

閉ざされた質問	開かれた質問
調子はいいですか？	
食事をとりましたか？	

（お子さんは）昨夜はよく眠れましたか？	

③保護者支援において、支援者の「体の姿勢や動作への配慮」「適度な声の大きさ、高さ」「適切な表情」についてグループで話し合い、実践してみましょう。

レッスン**9**

保育ソーシャルワークの技術（2）

このレッスンでは、保育ソーシャルワークの方法の一つである集団援助技術（グループワーク）について、保育実践、特に保護者支援（子育て支援）と照らし合わせながら学び、グループのよさを活用するという考え方とその技術について理解を深めます。

1. 保育ソーシャルワークにおけるグループの活用

1 保育ソーシャルワークとグループワーク

　保育ソーシャルワークにおけるグループワークとは、「グループ＝小集団」を活用しながら子どもや保護者を支援することを意味します。子どもたちは保育をとおしてグループを体験し成長します。一方で、保護者は意図的につくられたグループに所属する機会は少ないといえます。子どものグループ体験をとおした育ちについては保育内容等の科目に譲り、このレッスンでは主に保護者のグループに焦点を当てた支援技術論としてのグループワークについて考えていきます。

2 グループワークの成り立ち

　グループワークは、産業革命後の19世紀後半にイギリスのロンドンやアメリカのニューヨークの貧困街で展開された「**セツルメント運動**」が発祥となっています。スラム街の人々の悲惨な生活を知った大学生たちがスラム街で生活し、地区の子どもや青少年の健全育成のためのプログラム活動によって自発的な活動を体験させようとしました。ロンドンでは**YMCA**が聖書クラスやレクリエーションにグループ活動を取り入れ、スラム街の青少年の市民化活動に貢献しました。

　1929年の世界恐慌を経たのち、青少年の健全育成の方法として脚光を浴び、**グループの研究**がグループワークの理論的根拠となりました。

3 保護者・子ども支援の手段としてのグループワーク

　人間は家族や地域、職場といった集団をとおして日々の経験を積み重ねていくものですが、現代社会では小集団の経験が少なくなっているといえるでしょう。1世帯の家族員が少ない小家族化が進み、家族でとも

◆補足

セツルメント運動
ロンドンのスラム街の人々の悲惨な生活を知ったバーネットや、オックスフォード、ケンブリッジ大学の学生がイーストエンド地区にトインビー・ホールを設立し、生活をともにしながら、スポーツや趣味のグループ活動をとおして青少年への精神的文化的な指導を行ったのが発祥。ニューヨークでは、1886年に「ネイバーフッド・ギルド」が、シカゴでは1889年に「ハルハウス」が設立されている。

YMCA（Young Men's Christian Association）
1844年、ロンドンの呉服店で働いていたウィリアムズと同志たちの祈祷会からロンドンYMCAが誕生している。グループ活動を中心に青少年にレクリエーションを展開させた。

グループの研究
インフォーマルグループの重要性を発見したメイヨーらのホーソン実験。グループ内の心理構造に関するモレノのソシオメトリー。レビンらのグループと個人のダイナミックな相互関係を明らかにしたグループ・ダイナミックスなどがある。

に過ごす時間は減少し、地域社会では人間関係が希薄化しています。職場は効率主義が優先し、人間関係は豊かとはいいがたい状況です。ここで、グループワークの支援について、くわしくみていきましょう。

①保護者を対象とするグループワーク

　保護者が抱く孤立感、育児不安等の問題は、現代社会の特性を背景にしていると考えられ、保護者を支援するためには、個別的な支援とともに集団を用いた支援が有効です。保育者という専門職に守られた安心できる環境で、保護者同士の人間関係を体験することが、一人ひとりの保護者の問題の解決力を高めることにつながります。

> **インシデント①　保護者によるグループワーク**
> 　Aこども園では、園庭を改修する際に保護者の意見を取り入れようと、各クラスから集まった12名で園庭創造グループを立ち上げました。会議は5回を予定し、参加者は他園や他施設の情報をもち寄り、職員を交えたフリーディスカッションをとおしてまとめた意見を園に提案しました。職員は園の歴史や保育の考え方を伝えながら、保護者一人ひとりの意見に耳を傾け、相互の理解を深めることを心がけました。2回目以降メンバーの間には、お互いの意見を認め合う雰囲気が生まれ、リーダーシップをとる保護者が生まれてきました。意見が停滞する場面では、職員はリーダーを補佐する役割を果たしました。改修のプランができたところでグループは解散となりましたが、引き続き参加者は、改修作業に参加できるボランティアを募り、園が選定した業者、職員、保護者が一体となって園庭の改修工事を終えることができました。グループ活動ののち、保護者は園の催しなどで職員の依頼に協力的になり、日頃の保護者と職員のコミュニケーションがはかどるようになりました。

　このインシデントではグループが園庭改修について保護者の意見を聴くという活動にとどまらず、ワーカー（職員）の支えによって、メンバー間の相互作用が高まり、保護者一人ひとりが成長する機会となりました。メンバーが成長することで、次の活動が生まれてきています。

②子どもを対象とするグループワーク

　発達に課題のあるなど、固有のニーズを抱える子どもを対象としたレクリエーションを実施する場合などにも、グループワークは有効です。ワーカーの支援のもとで人間関係を育み、問題解決のプロセスを経ることで、個人の力が高まることが期待されます。固有のニーズを抱えるこ

とで集団の体験が不足しがちな子どもにとって、「個」が尊重され安心できる小集団は貴重な体験の場となります。

インシデント②　子どもによるグループワーク
B児童発達支援センターでは、発達に偏りがありコミュニケーション等に課題のある子どもたち（年長児）に3泊4日の野外キャンプを企画しました。全体のプログラムと進行はワーカー（保育者）がマネジメントし、楽しく遊べるように配慮をしました。点呼、掃除、配膳などは一人ずつに役割を担ってもらい、できる部分はワーカーが大いに評価をしました。一方で、釣り、虫取り、工作の場面では、道具の数に制限をもたせ、子どもたちで使用する時間を譲る体験ができるように工夫がなされました。また、ワーカーが、一人ひとりの特技を全員の前で紹介することで、子ども同士がお互いに関心をもつようになりました。体験をとおして子どもたちとワーカーとの個別の関係が一層深まりました。また数人の子ども同士で話ができるようになりました。

グループワークの目的とは安心できる小集団の体験ですが、今回のインシデントでは小集団のなかで役割が与えられ、一人ひとりに**エンパワメント**がなされていることが読み取れます。メンバーがワーカーとの信頼関係を強くもつようになったことも、日常とは異なる小集団の体験による成果といえるでしょう。

4　グループワークの特徴

①グループとは何か
グループでは、各メンバーがグループのほかのメンバーやリーダーにどのような感情や考えをもっているのかにより、相互作用や**集団感情**が働きます。また、グループとは、体験を共有し、感情を共有できる場であり、グループのなかにムード、雰囲気、結合力、統制力といった集団特有の心的力動が働きます。

②人間はグループをとおして成長する
人間は、家族のなかに生まれ地域で育ち、学校集団に属しながら成長し、やがては職業集団に身をおき、家族をもつようになります。また、趣味や余暇活動でも気の合う友人や仲間と小集団で行われることが多いでしょう。つまり、人間は成長過程のそれぞれの段階で集団に属しているといえます。集団に属するとともに、そのなかでの協力関係や相互理

参照
エンパワメント
→レッスン2

◆補足
集団感情
同調、同調圧力などがある。感情は本来、個別的であるが、対人関係がすすむなかで、他者の示す情動に影響を受け、同調することがある。同調圧力とは、少数意見や感情を有する人に対して態度変容を迫ること。

解の体験をとおして自己を成長させます。マイナスの体験を克服することで、新たな力を発揮できるようになります。

③グループ活動とグループワークの違い

グループ活動とグループワークは類似していますが、1）目的、2）リーダーシップ、3）期間の制限に違いがあります。

1）目的…グループ活動は活動を発展させることが目的であり、グループワークは活動やプログラムをとおしてのメンバーの成長が目的となります。活動を成功に導くことがグループ活動の主な目的になりますが、グループワークはメンバー一人ひとりがグループの体験をとおしてエンパワメントされることが主な目的となります。

2）リーダーシップ…リーダーシップでも違いがあります。グループ活動は開始期からメンバーが主体的に参加し、リーダーシップをとることが多いです。一方グループワークは、ワーカーによって参加を促されたメンバーが多いこともあり、リーダーシップは開始期はワーカーがとり、徐々にメンバーに移行していく過程を重視します。

3）期間の制限…活動回数についても違いがあります。グループ活動は活動の目的を達成するために活動回数や期限を設けない場合がありますが、グループワークは活動開始当初に回数や期間を限定し、制限のあるなかで目的を達成しようとします。グループ活動との違いを考えるとグループワークの専門性が理解できるようになるでしょう。

2. グループワークの基本的な理解

1 グループの構成要素

私たちは日常生活でさまざまなグループに属しています。青井[†1]は小集団の成立条件を3つあげています。①対面的（Face to face）な関係にあること、②メンバー間に相互作用（interaction）が生まれること、③メンバー相互の間に個人的印象やお互いの認識（personal impression）が生まれることをあげています。メンバーはお互いの顔と名前を覚えたうえで、人間関係を用いてそれぞれを認識しながら、グループにおける自分の体験を広げることにつながるのです。これらは、ワーカーがグループワークを展開するうえで必要不可欠な構成要素となります。

▶出典
†1 青井和夫『小集団——社会技術とその問題点』誠信書房、1959年

2 グループの人数

先にあげたグループの構成要素①〜③を満たすためには、グループの人数はおおむね3〜20人程度がよいと考えられています。ただし、大切なのは人数ではなく、メンバーの成長発達や人間関係力を育てるという目的です。小集団の特性を生かしながら、グループのサイズやメンバー構成に合わせたリーダーシップやプログラムを展開させていくことになります。

3 グループワークの利点

木村[2]は武田・大利が多くの研究からまとめたグループワークの利点を整理しています（図表9-1）。

グループワークは多くの利点をもちますが、グループが発展的に展開しなければ、メンバーが孤立したり、人間関係が硬直するなど、全体の調和が崩れます。また、孤立感を抱くメンバーのなかで、過度にほかのメンバーに依存する者が現れ、メンバーそれぞれが成長する機会を失うことにつながる場合もあります。また、メンバーがグループで自身の経験を自己開示するのに対して、受容的でなく批判的になることも起こり

▶出典
†2 木村容子「集団援助技術」大竹智・倉石哲也編著『社会福祉援助技術』ミネルヴァ書房、2008年、109-110頁

図表9-1 グループワークの利点

①観察効果	メンバーがグループ内でほかのメンバーの言動をみたり聞いたりすることで、個を学ぶことができる。
②普遍化	自分だけが特異なのではなく、ほかのメンバーも同じような問題をもっていると悟り、他者がどのような関心をもっているか聞くことによって、内的な世界が広がり、大きな視野で自分の問題や悩みを考えられるようになる。
③知性化	メンバーが自分の問題や悩みを知的に解釈し分析する過程をとおして、自分自身や問題解決への洞察が深まる。
④受容	ワーカーがメンバーを、あるいはメンバー同士が互いに相手を尊重し、共感し、温かく受け入れ合うことによって、メンバーは自信と安定感を得る。
⑤利他性（自分の利益が他者の利益につながっている）	受容のメカニズムより積極的なもので、メンバーは互いに援助者の役割をとることができる。支持・激励、相互のやりとり、提案、情報提供などをして、相互に援助し合う。
⑥感情の転移	ワーカーへの強い愛情や同一化、メンバー相互の感情の結びつきができる。
⑦現実吟味	グループは、メンバーが外界で経験している問題を再現する場をつくり、家族、仲間、あるいは友人との以前からの不満な関係について解決していくことができる。メンバーは、安全な雰囲気をもつグループのなかで、仲間とともに体験的な学習を行ったり、新たなスキルを学んだりすることで、自分の行いや考えを振り返りながら試すことができ、現実的な生活場面での対人関係を発展させることができる。
⑧喚起	罪悪感や非難されることを怖れて、ふだんは抑圧している感情が、グループのもつ受容的な雰囲気のなかで解放され表現され、情緒的な緊張の解消となる。

出典：武田建・大利一雄『新しいグループワーク』日本YMCA同盟出版部、1980年をもとに作成

得ます。一人が悪者にされる事態やメンバー同士で傷つけ合う関係に陥り、グループの力がネガティブに働くこともあります。

　グループの進行にともなって、ワーカーはメンバーそれぞれの反応や、メンバー間の相互作用に注意を払います。また起こり得ることを予測し、それらの反応を抑圧するのではなく表面化させるようにします。問題が起こらないようにすることも大切ですが、問題が起こったときにグループの問題としてグループで解決できるように導くのがワーカーの存在意義となるのです。

4　グループワークを展開するうえでの原則（基本的な考え方）

　コノプカ*は「グループはメンバーにグループへの所属感、孤独の緩和をもたらす」としてグループワークの意義を説いています。グループでは多様な考え方を尊重し、人間関係を豊かにすること、グループ内で生まれた課題や葛藤さえもグループの力で解決することがメンバーの成長を助けると説明しています[†3]。

　たとえば、子育てや自分自身のことで課題を抱えている保護者は多く、ほかの保護者と交流しながら人間性を高めたいと願う保護者も少なくありません。グループワークはその意味でも現代社会で価値のある活動ということができるでしょう。コノプカはグループワークを効果的に実践するために14の原則をあげています。これらの原則はグループワークを実践するうえで起こり得るさまざまな状況に対応するための考え方ともいえるものです（図表9-2）。

　グループワークを展開する際の原則を理解することは、グループワーク全体の運営を理解することに通じるところがあります。ワーカーはメンバー、メンバー同士の関係、グループ全体を視野に入れ、自身のリーダーシップを活用しつつ援助活動を行います。この原則を基盤としてワーカーの技能が生成されます。

5　ワーカーの基本的な技能

　グループワークを展開するうえではワーカーに固有の技能が求められます。グループワークはメンバーとメンバーの人間関係、そして全体としてのグループの3つを対象に働きかけを行います。この点は個人を対象としたケースワークとは異なる固有の技能となります。グループワークにおけるワーカーの専門性を理解するために、硯川らが提唱するワーカーの合理的な技能を踏まえてワーカーの固有の技能を概観します（図表9-3）。

人物
ジゼラ・コノプカ
（Konopka, Gisela）
1910〜2003年
ドイツ生まれのグループワーク研究者。アメリカ亡命後に児童相談や非行少年の調査を行いながら、グループワークの発展に寄与。著書に『ソーシャルグループワーク』『収容施設のグループワーク』がある。

出典
[†3]　硯川眞旬「グループワークの援助媒体」大塚達雄・硯川眞旬・黒木保博編著『グループワーク論——ソーシャルワーク実践のために』ミネルヴァ書房、1986年、52-84頁

第2章 保育ソーシャルワークの方法

図表9-2 コノプカのグループワークの原則

①グループ内での個別化	メンバーそれぞれを個別的に扱う。各個人の履歴やパーソナリティの特性、能力の個人差、グループ参加の動機などを個別的に理解する。グループの展開を意識するほどに、個別的な関係を尊重する。
②グループの個別化	同じプログラムを行うグループでも様態はさまざまである。一律的に考えるのではなく、それぞれのグループメンバーがつくり出すムードを尊重しつつ、グループとしての発展を支援する。
③メンバーの受容	メンバーそれぞれの長所も短所も受け入れながら、各個人がグループの体験をとおして成長することを支える。メンバー間には能力等の個人差が生まれる。ワーカーはメンバーを比較するといった考えや態度を慎まなければならない。ワーカーの受容的態度はメンバーに伝播し、メンバー間の受容的態度を促す一助になる。
④ワーカーとメンバーの援助関係の構築	個別化や受容と同様に、ワーカーはメンバー一人ひとりと望ましい援助関係の形成に努めなければならない。メンバーはグループでさまざまな体験をする。ときにはメンバー間の対立など否定的な体験をする。グループでの体験をワーカーに受容されることで援助関係が発展し、体験をとおしたメンバーの成長が促される。
⑤メンバー間の協力関係を促す	グループの体験はメンバー間にさまざまな関係をつくり出す。ときには対立的な関係にあるメンバーを排除する動きが生まれる場合がある。ワーカーはメンバーが協力的な関係をつくるために、メンバー個人やメンバーの関係に働きかける。仲のよさを強要するのではなく、困った場面で協力する、困ったメンバーを助けるといった関係を促す。
⑥グループ過程の必要に応じた修正	グループワークの過程ではメンバーの相互作用、力関係などさまざまな現象が現れる。ワーカーはグループワークの目的や目標に合わせて計画を修正するなど柔軟にグループを支援する。ときにはリーダーシップ（役）の交替など力関係や構造を変えるための介入を行う。
⑦メンバーによる参加の原則	グループワークの過程で、メンバーがワーカーに依存せず主体的にプログラムやその運営に参加することを意味する。個々の能力の段階に合わせて主体性が発揮できる（参加できる）ように、ワーカーは側面的な支援を行う。
⑧問題解決過程へのメンバー自身の取り組み	グループワークの過程ではさまざまな問題がもち上がる。これらの問題についてワーカーはメンバーが問題解決に参加できるように働きかける。メンバー同士の関係を促進させたり、メンバーとワーカーの関係を活用したりしながら、メンバーが自分たちの力で解決の糸口を見いだせるように援助を行う。
⑨葛藤解決の原則	グループワークではメンバー間の意見・考え方の対立は避けられない。「違い」が顕著になることは健康的なことだといえる。グループで起こった葛藤をワーカーが解決するのではなく、メンバーとともに話し合い、メンバーがお互いの考えを認めたり、譲り合ったりするといった体験ができるように援助を行う。
⑩経験の原則	グループでのすべての体験はメンバーを成長させるための機会になる。体験とは、プログラム参加で得た自信、苦手意識やその克服の過程、あるいはメンバー同士の協力関係や相互影響などを指す。いずれもプラスの体験があればマイナスの体験もある。しかし、すべての体験がワーカーやほかのメンバーに支えられることによって、本人のエンパワメントに結びつく。
⑪制限の原則	グループを運営するにあたり「最低限のルール」は決める必要がある。グループ内での個人の尊重、社会的責任といった倫理的なルールから、プログラムの運営に関する（経費、場所、時間）制限などが考えられる。ワーカーは制限を活用しつつグループの発展過程（制限のあるなかでのメンバー間の尊重、工夫など）を評価していく。またグループワークにはあらかじめ回数や期間が限定され、そのなかで目的を明らかにし、目標を達成するという制限が設けられることがある。
⑫プログラムの活用	グループワークのワークとはプログラムへの取り組みを意味する。ワーカーはプログラムの盛り上がりや達成に意識を奪われることなく、メンバーそれぞれの体験を支えることを重視する。ワーカーは、「手段としてのプログラム」を活用しながら、メンバーの協力関係、参加、葛藤解決、経験を育てる。
⑬継続的評価	グループワークの目的は、グループ体験をとおしての個人の成長である。したがって評価の対象は個人となる。ワーカーはグループの発展過程でメンバーの成長について繰り返し評価を行う。グループワークが終結したあとのメンバーのその後の成長を評価し、必要に応じてメンバーのニーズに対応できるグループを形成する。
⑭ワーカーの自己覚知と自己活用	グループはワーカーの存在、言動、メンバー個人やメンバー間の関係、グループへの働きかけに直接影響を受ける。ワーカーは自身の人間関係の相性、価値観、生じやすい偏見などを意識的に自覚し、グループと接することが重要である。グループのリーダーシップへの支援、リーダーの交代などでワーカーの好き嫌いや偏見が出ないような意識が必要になる。ワーカーはグループを発展させるための「道具」として自己を活用できるように心がける。

出典：硯川眞旬「グループワークの援助媒体」大塚達雄・硯川眞旬・黒木保博編著『グループワーク論――ソーシャルワーク実践のために』ミネルヴァ書房、1986年をもとに作成

図表9-3　ワーカーの合理的な技能

①グループに波長を合わせる	グループをつくるためにはメンバーの特性を踏まえたうえで、グループがつくり出す「雰囲気・ムード」に波長を合わせる技能が必要である。雰囲気・ムードはグループの個性ともいい換えることができる。ワーカーはグループの個性を尊重しながら、メンバーの協力や相互支援が促されるようにメンバー個人に働きかけを行う。ときにはグループ全体の雰囲気が望ましい方向に変化するように自己を活用する。
②問題を解決するうえで効果的な場（機会）をつくる	メンバー間で生まれる意見の違いや対立を否定せず、それぞれの考えに理解を示しながら受け入れたり、解決の糸口を提案するなどして積極的に介入したり、ときにはワーカー個人の意見を積極的に発言したりする。個人との関係を尊重しながらワーカーが発言することで、メンバーは自分の意見が発言しやすくなるとともに、他者の意見に耳を傾けられるようになる。ワーカー自身の関わり方を変えることによって「場」をつくることができる。
③プログラムへの参加をとおしてメンバーの状態を理解し、状況に即した個別援助目標を設定する	メンバーが積極的にプログラムに参加できるように促すとともに、ワーカーみずからが参加する見本を示すことで、メンバーとの心の交流が生まれる。メンバーとの交流が個別理解を深める機会となり、援助目標の設定に役立つ。
④施設の機能に照らした援助目的を意図的につくる	保育者が所属する保育所、認定こども園、地域子育て支援施設には期待される機能がある。保護者支援を目的としたグループワークを実践する際には、その援助をとおして保護者自身が成長し保護者と子どもとの関係が促進されることを目的とする。保育者が所属する機関の機能を理解し、その制限のなかでグループワークを展開することが重要となる。
⑤メンバーによるグループ運営ができるようにする	ワーカーがメンバーを尊重する態度を示すことによって、メンバーは自尊心や自立心を高め、責任感をもってグループに参加できるようになる。ワーカーは④を自覚し、メンバーによる運営をグループに所属する施設の目的に照らし合わせながら、側面的な軌道修正を行う。
⑥達成感と新たな動機づけを高める	ワーカーは、グループ全体の目標を達成するだけでなく、メンバーそれぞれの役割や経験をお互いに認め合えるように、個人やグループ全体に働きかけを行う。
⑦メンバーの地域社会に直結した活動を促進させる	生活の場に近い活動をとおして、メンバーと地域の人々を結びつけることになり、活動そのものが地域社会の問題解決と直結する。孤立している母親たちが子育て支援拠点職員とグループワークを展開し、地域で孤立する母親たちが参加しやすいプログラムに発展するなどが例としてあげられる。

出典：図表9-2と同じ

6　グループワークの展開

　グループワークの取り組みは、ワーカーの働きと並行して4つの段階に分けられます。各段階はグループが進展する全体的な動きとともに、プログラムが行われる回ごとの動きにも当てはめて考えることができます。

①準備期

　準備期とは、グループワーク援助の必要性を感じ、構成されたグループにおいてワーカーとメンバーが接触する段階をいいます。準備期にワーカーが専門職として行うこととして「**波長合わせ**」「**問題の明確化（参加者のニーズや課題を明らかにする）**」「**目標の明確化（対象者の能力や関心に合わせ予備的な目標を設定する）**」「**対象者の把握（個人の記録や情報を集める）**」「**個人とグループの調和**」「**グループ計画**」があげられます。

②開始期

　開始期とは1回目の集まりからグループとして動き始める段階までをいいます。人為的なグループの場合、最初は人が集まっているだけで、

◆補足

波長合わせ
メンバーが欲求や問題を開始期から表現することは難しい。ワーカーが洞察力をもってメンバーからの合図を受け止めること。メンバーがグループにもつ意欲、動機づけ、懸念や抵抗（遅刻や欠席といった間接的な表現）に気づき、受け入れ、援助に生かすこと。

個人とグループの調和
個人のニーズとグループの目標が一致していくように個人とグループの両方を支援すること。

グループ計画
メンバーの選出、人数や構成、対象年齢、募集方法、回数や期間などをあらかじめ決めておくこと。

第 2 章　保育ソーシャルワークの方法

お互いの共通目標はなく、お互いのことはわかっていません。開始期にワーカーが行うこととして「援助関係の樹立（自己紹介や雰囲気づくり）」「グループ形成への援助（メンバー間のやりとりを活性化させる）」「契約の確認（メンバーとワーカーがそれぞれの役割と責任を理解する）」「プログラム計画（メンバーの興味、関心、能力に応じたプログラムを考える）」があります。

③**作業期**

作業期とは、個人とグループが自分たちの課題に取り組み、展開し、目標に向かい成果を生み出せるようにする段階です。作業期においてはプログラムをとおした情緒的な交流により、メンバー間の結びつきが強まります。グループの魅力が感じられ、影響力をもつリーダーが現れ、グループ固有の行動のしかたや考え方がはっきりとし始めます。グループで固定しつつあったリーダーシップ、メンバー間の構造、規範がメンバーによって検討され修正されることがあります。修正を経て、グループは理想的な方向に向かって注力できるようになります。この時期のワーカーの働きとして「**メンバーへの援助（個別化と受容）**」「**グループ発達への援助**」「**グループ作業への援助**」「**評価**」があります。

④**終結・移行期**

終結・移行期は援助関係を終わりにする段階です。終結の主な理由は①当初計画していた回数や期間が終了する、②活動の目標が達成された、③活動の効果が期待できない、といった場合です。終結期は活動が終わるだけでなく、メンバーの感情表出と分かち合い、お互いに支え合える関係の強化がみられる時期でもあります。メンバーが積極的になっていれば、効果的な援助を得られたと自身を反省的に振り返ることもあります。これらの複雑な感情が表出されるのも終結期の特徴ですが、ワーカーやメンバーに支えられることによって、メンバーは次の新しい段階を迎えることもできるようになります。この時期のワーカーの働きとして「終結への準備（終結の前から予告し時間的猶予を与えておくこと）」「感情の分かち合い（メンバーの個別的で**アンビバレント**＊な要求をメンバーが分かち合えるように援助する）」「終結の評価（グループがメンバーの役に立ったか、意義があったかを振り返る）」「移行への援助（新たなプログラムについて長所・短所を含めて紹介をする）」があります。

グループワークは計画的に段階を追って進められることが理解できたでしょうか。ワーカーは活動の開始前から準備をし、終結を見据えながらプログラムを展開していくという、グループワーク特有の展開があるのを確認することでこの活動の意義が理解できるようになります。

◆ 補足

メンバーへの援助（個別化と受容）
メンバーのグループに対する個人目標を明らかにする。目標を立て、具体的に行動できるように支援をしていく。

グループ発達への援助
グループがメンバーにとって必要な存在となるように、メンバー間の相互作用に働きかける。

グループ作業への援助
プログラムの目的とグループの目標を問いかけながら、ワーカーの考えをグループに伝え、メンバーが自覚的に行動できるように支援する。

✱ 用語解説

アンビバレント
相反する意見や感情が同時に存在している状態。終結期のアンビバレントとは、目標を達成した（もしくはしなかった）ので、グループは終了したい、という思いと、メンバーと別れたくないのでグループは終了したくない、といった状況を指す。

7 グループワークの技法

グループワークの技術は、「コミュニケーション」「リーダーシップ」「観察記録」となります。

①コミュニケーション

個別的な援助関係と同様に、うなずき、反復や反射、要約といった傾聴の技法が必要です。グループを活性化させるために、ワーカーはメンバー間の**コミュニケーション**（相互作用）にも視野を広げる必要があります。一人のメンバーが話しすぎる場合は、そのメンバーの話を要約し、相手のメンバーにどのように思うか発言を促すといった介入上の工夫が大切です。メンバー同士の会話が続くように、双方の発言をワーカーが要約しながら相手につなげていきます。

参照
コミュニケーション
→レッスン8

②リーダーシップ

レヴィンはリーダーシップに専制・民主・放任の3つの型があると提唱しています。グループ活動にふさわしいのは民主型といわれていますが、ときと場合によってリーダーシップを使い分けるのがワーカーの技能です。たとえば、グループが早急な行動を必要としている場合や危機的な場合、またメンバーに未熟さがある場合などは専制型が役に立ちます。民主型はグループの目標や方針、決定をメンバーの責任で行う場合に有効です。また放任型はメンバーに責任をもたせますが、そうすることで自覚を促せるようなメンバーの能力が求められます。このようにワーカーは、メンバーの能力やグループの状態によってリーダーシップを使い分けることが求められるのです。

人物
クルト・レヴィン
（Levin, Kurt）
1890～1947年
ポーランド生まれの心理学者。「人間の行動は、人と環境の関数である」とし、人間行動を関数で示した「レヴィン関数」で知られる。

③観察・記録

グループでは各メンバーの言動や相互作用を含め膨大な情報が飛び交うことになります。これらをすべて記録することは不可能に近いでしょう。そのためワーカーは、あらかじめグループ活動やプログラムの意図に照らして、観察するメンバーの言動を設定しておきます。たとえば、メンバーの協力に関する言動、問題解決に関する言動、個々人の気づきに関する発言などです。グループのなかの人間関係を、図（座席や動き）を用いて表すことで、グループの発達の程度が理解できるでしょう。

グループワークの技法は、ここで紹介したものにとどまりません。グループワークの原則や展開のなかにもワーカーが意識しなければならない視点＝技能や技法があります。ここに紹介したものを理解したうえで、確認するようにしましょう。

> **演習課題**
>
> 保育所、地域子育て支援センターで実施できそうなグループワーク活動について考えてみましょう。その際に以下のことに留意して考えるようにしましょう。

(1) 保護者のニーズや課題を具体的に考えてみましょう。

　例：子どもの育ちに不安を抱えている、育児にとまどいがある、子どもがかわいく思えない、友だちが欲しい、親自身のメンタルヘルス、自分の親との関係に悩んでいるなど。

　ほかにも、考えられるニーズを話し合ってみましょう。

(2) 対象とするメンバー

　例：子どもの年齢、保護者の年齢、就労の有無など。

　ほかにも、留意することを話し合ってみましょう。

(3) グループのサイズ（人数）

　グループワークの目標、開催場所の広さ、ワーカーの能力に照らして人数を考えてみましょう。

　例：10人程度で1グループ（ワーカー1人）など。
　　　10人程度のグループを2つ（ワーカー2人）など。

(4) プログラムの目標

　保護者のニーズに対して、グループワークの目標を設定します。

　例：仲間をつくる、情報を得る、学び合うなど。

(5) 1回当たりのプログラム時間

　目標やグループのサイズに照らして活動時間を考えます。

　例：1回1時間　メンバーそれぞれが自由に発言する機会があるとよい。
　　　1回2時間　テーマを決めた話し合いと活動（運動、エクササイズなど）。

(6) プログラムの回数（期間）

　目標に応じた回数、開催に適した回数を考えます。目標に照らして開催の頻度も同時に考えましょう。

(7) 活動場所

　目標やサイズに照らして考えましょう。保育施設内で行うか、公共施設を利用するのか。使用できる可能性やその場所を活用することで予測される効果などについて話し合いましょう。

(8) ワーカーとして準備すること

　活動を開始するにあたって準備することを確認しましょう。

例：メンバーの情報、協力者を募る、資金やプログラム用品など。
(9) グループ活動をするなかで起こりそうなこと
　メンバーの対立や遅刻が多いなどを予測し、それらを防ぐためにあらかじめ気をつけることなどを確認しましょう。
(10) 終結の方法
　グループ活動の回数、目標の達成など終結時期を決定しておきます。終結の際に起こりそうなメンバーの反応を考えて、メンバーへのワーカーの支援方法を話し合っておきましょう。

レッスン10
保育ソーシャルワークの技術（3）

子どもや保護者は地域のなかで生活しており、子どもや保護者の生活を支えるためのコミュニティ（地域）づくりが求められます。本レッスンでは、保育ソーシャルワークのうち、子どもと保護者の生活を支える地域を中心とした環境づくり（間接援助）について説明します。

1. 保育におけるコミュニティワークの理解にむけて

　子どもや保護者は家庭で生活しています。家庭は独立して存在するものではなく、地域という一定の圏域（エリア）のなかで存在しています。この地域のなかでは、多様な人が行き交い、近所づきあいなど、顔を合わせながら生活しています。保育ソーシャルワークでは、子どもの幸せを願い、子どものよりよい生活をつくり上げるために支援をすすめていますが、この考えに立つ際に、地域での子どもと保護者が安心して生活することができるように、子どもと保護者の子育て家庭と地域とのつながりをもちながら、地域の環境を整えていくという視点が必要です。

　地域という言葉は、どこまでの圏域（エリア）を指すのかあいまいなところがあります。地域を説明するにあたり、図表10-1では地域のなかで子育て家庭がどこに位置づけられるのかという関係性と、地域にある子どもや保護者を支えるために存在する支援機関・組織や支援活動の一例が示されています。それぞれの地域の範囲が存在するとともに、その範囲において子どもや保護者の生活を支えるための相談機関や支援組織があります。これらを地域にある**社会資源**といいます。

　それでは、保育ソーシャルワークとして、地域に対してどのような支援をすすめる必要があるのでしょうか。保育ソーシャルワークでは、地域を介在した支援として、大きく2種類の支援があると考えられます。

　一つは、子どもや保護者の生活上で不安や生活課題などが発生した際に本人などから相談できるように、身近にアクセスできる環境を整備することや、支援活動が展開できるように地域の支援組織などの開発や充実を図る支援です。もう一つは、日頃から子どもや保護者と出会う近隣住民などとの関係を含めて、子どもや保護者の生活圏域で関わる人や組織などとの関係性をより豊かなものにするための支援です。

参照
社会資源
→レッスン6

図表 10-1 子育て家庭の地域（圏域）での位置および地域の支援体制（イメージ）

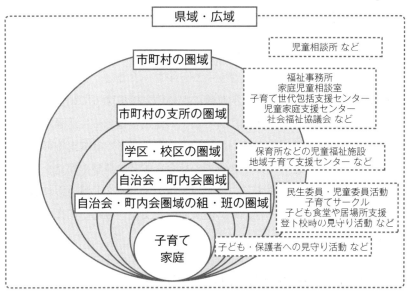

出典：厚生労働省「これからの地域福祉のあり方に関する研究会厚生労働省」報告書『地域における［新たな支え合い］を求めて——住民と行政の協働による新しい福祉』2008年をもとに作成

　前者の地域における支援にむけた環境づくりと、後者の生活圏域での子どもと保護者に関する人や組織との関係性をよくするというものは別の方向性を示しているように思われますが、実はこの両者は密接に関係し合っています。それは同じ地域で生活する子どもや保護者の生活について地域住民が関心を寄せながら、日頃から顔を見合わせて声をかけ合うことができる関係性をつくり上げることにより、子どもや保護者の生活上で万が一の困りごとや不安などの生活課題が発生した際には、自然な形で子どもや保護者に声をかけ、助け合うことが可能です。その内容によっては子どもや保護者の生活について具体的に相談できる機関や専門職、支援団体につなぐことができます。このように、子どもや保護者の生活をよりよいものとするためには、地域環境の整備が必要であり、保育ソーシャルワークでは地域環境を整えるための支援を行うという意識をもつことが大切です。

　ソーシャルワーク領域では、地域で生活する人々の生活上に発生するさまざまな課題の解決にむけて、地域に存在する社会資源の整備や支援のネットワークを図るなど地域環境を整えていく援助を**コミュニティワーク**とよんでいます。保育ソーシャルワークにおいても、コミュニティワークの技法を用いながら、子どもと保護者の生活する地域環境を整えていく支援をすすめることが求められています。

参照
コミュニティワーク
→レッスン7

2. 保育ソーシャルワークでのコミュニティワークの展開

ここでは、保育ソーシャルワークにおけるコミュニティワークの展開方法について説明します。保育ソーシャルワークでは、子どもや保護者の個々の生活課題の解決や生活改善のための支援を図っていきます。コミュニティワークでは、地域にある個々の住民が抱える生活課題や福祉ニーズについて、地域内のほかの住民も抱える（または抱える可能性がある）課題としてとらえて、地域での社会資源との調整や開発などを交えながらすすめていきます。このコミュニティワークで用いられる手法をもとに、保育ソーシャルワークが展開する支援内容として次のようなものがあげられます。

1 地域での生活実態の把握（地域診断）

地域で生活する子どもや保護者の生活実態を把握し、地域全体での子どもや保護者の生活をアセスメント（評価）する支援です。それぞれの子育て家庭で子どもと保護者がどのような生活時間を過ごしているのか、生活上でどのような地域や周囲と関わりをもちながら生活しているのか、子育てや生活上での困りごとや課題、ニーズとしてどのようなものがあるのかなどについて把握していきます。

子育て家庭といっても家庭の幅は広く、たとえば子どもの年代（小学校就学前・小学生・中学生・高校生など）や子どもの人数、保護者の状況（両親がいる家庭・ひとり親家庭など）、住居形態、保護者の就労状況、家計の状況、近隣住民との関わりの有無などの違いがあり、これらの状況で生活の様子は大きく変化していきます。このため、それぞれの子どもや保護者の属性ごとに生活実態について把握することが必要です。

主な方法として、行政による調査（国勢調査や自治体で策定される各種計画 [**市町村子ども・子育て支援事業計画**[*]、**地域福祉計画**[*] など]の策定時などに行われる子育て家庭などに対するアンケートやヒアリング調査など）、**地方版子ども・子育て会議**[*] などの行政会議での当事者（子どもの保護者）や子どもに関係する専門職などの出席者からの発言、子どもに関する専門職（保育・教育関係者）に対するアンケートやヒアリング調査などがあります。なお、これらのアンケート調査結果や意見収集だけでは地域の子どもと保護者の生活実態などの詳細を把握することは難しいといえます。このため、これらの結果についてデータを整理・分析するなど、地域に存在する子どもと保護者の生活課題として予想さ

[*] 用語解説
市町村子ども・子育て支援事業計画
「子ども・子育て支援法」により定められた、市町村が策定する幼児期の教育・保育・地域の子育て支援についての受給計画。

地域福祉計画
「社会福祉法」で定められている、地域福祉を総合的に推進するために市町村が策定する計画。

地方版子ども・子育て会議
「子ども・子育て支援法」で定められた、地域に必要な子育て支援策について検討する合議機関。都道府県および市町村に設置の努力義務がある。

れる内容を明確化させることが必要で、この分析や整理などにおいて子どもや保護者の生活について保育ソーシャルワークによる専門性や知見が求められるといえます。

2　個別課題を地域課題として一般化・共有化（生活課題の普遍化）

子どもや保護者の生活課題について、地域で生活するほかの子どもや保護者にも起こり得る（あるいは起こっている）課題として考え、地域課題として提起し、地域として対応していく方法を考えていきます。

たとえば、就学前で保育施設に在籍していない子どもや保護者が、地域で同様に子育てをしている保護者と出会いたいが出会う機会が少ないという課題を抱えていた場合、ほかの子育て中の保護者も同じような希望をもっている可能性も十分にあります。このように、ある課題をもつ保護者の数が地域でどれくらい予想されるかという把握をすすめ、それらの個別の課題の共通部分を普遍化（個別の事象ではなく、広く存在する事象ととらえること。一般化ともいう）させる働きかけを行います。

なお、コミュニティワークでは、地域で広く明らかになっている（＝顕在化されている）生活課題だけを取り上げて普遍化させるのではなく、当事者自身がその生活課題に気づいていないニーズ（＝潜在的ニーズ）についてもその内容を掘り起こし、顕在化させたうえで、これらの課題を地域に存在する課題として地域内で共有化させるというアプローチもすすめていきます。

3　地域での既存機関・組織のネットワークづくり（ネットワーク構築）

地域には子どもと保護者の生活を支えるさまざまな社会資源があります。これは公的（フォーマル）による社会資源（行政や公的機関、専門職など制度化され実施されるサービスや援助制度）、民間（インフォーマル）による社会資源（ボランティアや自治会などを含めた非専門家などのサポート）などがあります。

地域で子どもや保護者が身近に利用できる社会資源の例として、次のようなものがあげられます。

①公的（フォーマル）による社会資源

児童相談所や市町村の福祉事務所、家庭児童相談室、子育て世代包括支援センターなどの公的機関の相談窓口、保育所などの保育施設（子育て相談や園庭開放、一時保育など）、地域子育て支援センターや児童館など（相談活動や各種プログラムなど）、その他の児童福祉施設、学校、民生委員・児童委員・主任児童委員による支援活動などがあります。

②民間（インフォーマル）による社会資源

子育て家庭の保護者同士が集うことができる子育て支援サークル、セルフヘルプグループ（自助グループ）、こども食堂や多世代交流型の共生食堂、子どもと保護者の居場所支援、自治会・町内会などの地縁組織、近隣の住民などがあります。

公的（フォーマル）による社会資源には、特に子どもや保護者の生命や生活に直結するような課題など専門的な知識・技術を用いた支援が必要である内容について対応することが求められています。民間（インフォーマル）による社会資源には、子どもや保護者の身近な存在としてそれぞれの事情や個別的な課題などについて対応することが期待されています。これらの公的・民間の社会資源は、どちらかのみを利用して子どもや保護者の生活を支えるのではなく、公的・民間の社会資源が連携・協働しながら、地域で生活する子どもと保護者の支援を網の目のように組み合わせてつくり上げることが求められます。

なお、民間（インフォーマル）の支援で対応している場合であっても、その関わりのなかで要保護（子どもへの虐待など）や要支援状況が発生した場合は、児童相談所や市区町村、**要保護児童対策地域協議会**＊などとの緊密な連携ができるように、緊急連絡体制を構築しておくことも保育ソーシャルワークの支援として重要です。

また、子どもと保護者の社会資源として存在する機関・組織などが緊急時にはじめて連絡を取り合うとすれば、お互いの機関・組織などの機能や支援の役割などをすり合わせるための時間がかかります。また、平常時から子どもや保護者に対して有用な地域資源の情報として伝えることができません。このため有効な支援をすすめるためにも、地域にある社会資源同士で日頃から体制づくりや関係づくりをすすめておく必要があります。

具体的な方法としては、地域にある子ども・保護者への支援機関・組織などの関係者が定期的に集まる連絡会や事例検討会の開催、各施設や組織などのパンフレットなどの共有、連絡体制（連絡先や担当者など）のリストアップなどがあげられます。これらの地域の機関・組織などの関係づくりにおいても、コミュニティワークの支援の一つであるネットワークの技術（スキル）が有効となります。

4 子ども・保護者に対する広報活動（情報発信）

地域には公的・民間による社会資源があり、これらの資源がどこにあり、どのような人が対象となるか、利用するための手続きなどについて

＊用語解説

要保護児童対策地域協議会
「児童福祉法」に定められた、地域の要保護児童（虐待を受けた子ども）やその他保護が必要な子ども、特定妊婦への援助について、関係機関などが集まり情報共有や連携を図る組織。地方公共団体（都道府県・市区町村など）に設置の努力義務が課せられている。
→レッスン7

の情報を広く知らせる必要があります。子ども・保護者に生活上で不安や課題が生じた場合、せっかく有効な社会資源があるのにその存在自体が知られていなければ意味がないため、地域にあるさまざまな社会資源について情報発信をすることは大切であるといえます。

　これらの情報発信は各機関や組織ごとに行う方法もありますが、地域には子どもと保護者を対象として利用できる社会資源が数多くあるため、それぞれの子どもや保護者にすべての情報を伝えたとしてもどこが自分に合っているのかということがわからない場合もあり、また、それぞれの機関や団体が地域で生活するすべての子どもや保護者に支援内容や活動紹介を周知することは現実的に難しいといえます。このため、各機関や組織のホームページでの発信や行政の広報誌などでの情報の発信のほか、地域にある多様な社会資源についての情報を収集し、子どもや保護者にとってわかりやすく整理したうえでホームページや情報誌などで子育て家庭に届けていくという方法も有効です。

　このように地域にある子ども・保護者が利用できる社会資源についての情報を収集することや、地域情報をとりまとめ、情報を必要とする子どもや保護者に届けるなどの広報活動をすすめることも、コミュニティワークの地域における支援活動として位置づけられます。

5　住民の意識化を図るための啓発活動（福祉教育）

　地域において、子どもや保護者が安心して生活するためには、これまで示したとおり、生活上で何らかの課題やニーズが発生した際に、地域にある相談機関や支援活動を利用するだけでは十分ではありません。日頃から地域でどのような人たちと関わるのかということも考え、地域の人間関係などの環境を整えていく必要があります。

　たとえば、幼い子どもを育てる保護者の場合、その家庭の周囲の地域住民が子どもや子育てについての理解がなければ、子どもの泣き声や生活音などに対して保護者への一方的な批判など不適切な関わりをすることなども懸念されます。別の事例として、子どもや保護者に関心をもたない地域住民に囲まれていた場合、仮に家庭内で保護者のストレスなどにより子どもへの虐待などが発生した場合も、子どもや保護者に手を差し伸べることができません。

　反対に、地域住民が日常的に子どもや保護者に理解や思いやりがあり、温かく接していた場合、子どもや保護者との地域での関わりも活発化し、いざというときに子どもや保護者に関わることができることも期待されます。このように、地域のなかで子どもと保護者を孤立化させないため

にも、地域住民の子どもや保護者などを含めたお互いに対する理解をすることが大切であるといえます。

また、コミュニティワークでは、以下のような働きかけを福祉教育とよんでいます。地域住民に地域における人間関係を大切にすることができるように意識を高めて、お互いに気づかい合いながら生活できるように働きかけること。また、地域で生活する近隣の人たちの生活上で課題が発生した場合や、災害などが発生した際などに声をかけてもらうことができるように、日頃から意識をもってもらえるようにすること。

そして、保育ソーシャルワークでも、この福祉教育の視点を用いて地域住民に対して、子どもや保護者の生活に意識をもってもらうことができるように支援することが必要です。子どもや保護者に関連する具体的な福祉教育の方法としては、地域住民と子どもや保護者がともに参加できる地域イベントや防災訓練の開催、子どもや保護者の生活などの実際に関する講演会や学習会などを開催し地域住民にも参加を促す、子どもや保護者の生活課題について広報する（例として、児童虐待の対応に関する情報をポスターや回覧板など）などが考えられます。

なお福祉教育では、日常的な福祉活動に地域住民などが参加することによって福祉課題について共有することや、地域住民との関係性を深めていく体験を積み上げることも一つの方法とされており、その例としてボランティア活動による学びのアプローチがあります（**ボランティア学習**[*]）。このボランティア学習の方法を用いて、地域の子どもや保護者がボランティアとして参加可能なものについて地域住民からボランティアを募り、子どもや保護者と関わりながら互いに関係をつくっていきます。このように、地域住民が、子どもや保護者に関心をもったり関わったりすることができる機会を増やしていくという支援も大切になります。

※ 用語解説
ボランティア学習
地域住民などがボランティア活動の参加などをとおして、地域における住民同士の助け合い福祉活動の必要性について学びを深める手法。

6 新たな社会資源の開発や行政施策への提言（ソーシャルアクション）

子どもや保護者への支援について、現在ある支援体制や社会資源だけでは十分に対応することが難しいこともあります。たとえば、地域に必要とされるサービスや支援活動がまだ行われていない場合や、子どもや保護者の自宅から遠いところに社会資源があり、子どもや保護者が利用するにはアクセスしづらい場合などが考えられます。また、支援活動がすすめられている場合でも、支援内容（実施頻度や支援体制、プログラムなど）が十分ではない場合も、子どもや保護者が求めるニーズに対応した支援活動が困難となることもあります。このように既存の社会資源

では対応することが難しい場合は、新たな社会資源を開発し、創出することも必要な視点といえます。

　このほか、本来は行政による公的サービスによって解決することが望ましい支援であるにもかかわらず支援を必要とする子どもや保護者に十分にいきわたっていない場合や、民間により地域の子どもや保護者に対する支援をするのに開催場所や必要経費の支出などが課題となることもあります。これらの事例では、行政などに協力を求めたいと考えられる場合もあり、その際には市町村などに働きかけていくことが必要となります。また、地域の子どもや保護者の生活課題として顕在化しているのに、その時点では行政で対応できていないケースなどもあります。このような際に、行政に対して支援の制度化や施策化を求めて運動を起こすことが有効な場合もあります。

　コミュニティワークでは、福祉サービスが必要な利用者がいるにもかかわらず支援できる制度や施策がなかったり不足している場合、行政などに働きかけて制度化することが必要です。このように支援を必要としている人に福祉サービスを提供できるように整備する取り組みをソーシャルアクション（社会活動）とよんでいます。保育ソーシャルワークにおいても、地域で生活する子どもや保護者の生活の実態について詳細に把握し、生活課題として明らかにしていくなかで、行政により制度化したほうがよいと考えられる支援や、長期的な視点での支援をつくり上げることが望ましいと考えられる場合、ソーシャルアクションの技術を用いながら行政などの社会資源に働きかけていくことが期待されています。

3. 保育ソーシャルワークでのコミュニティワークの実施主体

　地域で生活する子どもや保護者の生活環境を支えていくことを目指して、コミュニティワークの技術を用いた保育ソーシャルワークの展開について紹介しました。次に、これらの支援をどの組織や専門職が行うのかということについて考えていきます。

　コミュニティワークは、地域福祉の援助方法の一つに位置づけられます。地域福祉の推進を図ることを目的に設置されているのは社会福祉協議会です。社会福祉協議会は、「社会福祉法」に定められた民間組織で、子どもや保護者を含めた地域住民の生活向上を図るための地域に対するさまざまな支援活動を行うことを目的に、都道府県や市町村などに設置

されています。この社会福祉協議会には、地域福祉の推進を担う専門職として、コミュニティワーカーや、地域住民のうち個別の支援が必要な人に対して支援をすすめるコミュニティソーシャルワーカーが配置されています。これらの専門職が、世代や属性を超えた幅広い地域住民の生活を支える支援活動を行っています。

　一方でコミュニティワークは、社会福祉協議会がすすめるだけでは不十分です。地域で生活する子どもや保護者の生活について身近に支援しているのは、保育所などの保育施設のほか、児童館、地域子育て支援センターなどの児童福祉施設であり、これらの組織では日頃から子どもや保護者と関わり、子育て家庭の生活課題やニーズなどを把握しています。このことから、地域にある社会資源との働きかけや連携などをとおして、子どもと保護者が地域でよりよく生活できるように地域の環境を整備していくことが可能です。このため、保育ソーシャルワークをすすめる専門職は、コミュニティワークの役割があると意識しながら日々の支援活動にあたっていくことが必要です。

演習課題

次のインシデントを読んで、考えてみましょう。

インシデント

　A市では、市の施策として新しく「市町村子ども・子育て支援事業計画」の策定をすすめることになりました。この計画策定の準備として、子育て家庭の生活実態を調査するため市内の保育所の協力を得て、保育所が実施する地域子育て支援活動に参加する保護者を対象にアンケート調査をすすめることになりました。このアンケートにむけて、市役所の子ども福祉課の職員とともに、日頃から保育所で子育て支援を担当するB保育士が準備段階から参画することになりました。

①今回のアンケートでは、子どもと保護者の家庭での生活の様子を把握したいとのことです。保護者に質問する内容として、どのような項目をあげればよいでしょうか。

②アンケート調査の結果、保護者から保育所以外の場で保護者同士が集まることができる機会がほしいというニーズがでてきました。B保育

士はこの保護者からのニーズに対して、どのような提案ができるでしょうか。
③アンケート結果を踏まえて、子育て家庭を地域で支えていくために、地域住民や地域の子ども・保護者への各種の支援組織などと今後連携していきたいと考えています。B保育士は地域のどのような人に対して、どのような機会や方法を用いて、どのようなことを連携していくことができるでしょうか。

参考文献

レッスン5
全国社会福祉協議会編 『社会福祉援助技術論 1 (社会福祉学習双書2017)』 全国社会福祉協議会 2017年
鶴宏史 『保育ソーシャルワーク論――社会福祉専門職としてのアイデンティティ』 あいり出版 2009年
日本保育ソーシャルワーク学会編 『保育ソーシャルワークの世界――理論と実践』 晃洋書房 2014年
パールマン、ヘレン・ハリス／松本武子訳 『ソーシャル・ケースワーク――問題解決の過程』 全国社会福祉協議会 1966年
バイステック、F. P.／尾崎新・福田俊子・原田和幸訳『ケースワークの原則――援助関係を形成する技法 新訳改訂版』 誠信書房 2006年

レッスン6
大竹智・倉石哲也編著 『社会福祉援助技術』 ミネルヴァ書房 2008年
「特集：地方発！ 保育・子育て支援の新たな取り組み」『発達』No.146 ミネルヴァ書房 2016年
柏女霊峰監修・橋本真紀編著 『利用者支援事業の手引き――子ども・子育て支援新制度』 第一法規出版 2015年

レッスン7
内閣府・文部科学省・厚生労働省 「幼保連携型認定こども園教育・保育要領 幼稚園教育要領 保育所保育指針中央説明会資料（保育所関係資料）」 2017年
橋本好市・宮田徹 『保育と社会福祉［第2版］』 みらい 2015年
松原康雄・圷洋一・金子充編 『社会福祉』 中央法規出版 2015年

レッスン8
掛礼逸美・加藤絵美 『「保護者のシグナル」観る聴く応える――保育者のためのコミュニケーションスキル』 ぎょうせい 2013年
笠師千恵・小橋明子 『相談援助 保育相談支援』 中山書店 2014年
日本保育ソーシャルワーク学会編 『保育ソーシャルワークの世界――理論と実践』 晃洋書房 2014年

レッスン9
青井和夫 『小集団――社会技術とその問題点』 誠信書房 1959年
木村容子 「集団援助技術」 大竹智・倉石哲也編著 『社会福祉援助技術』 ミネルヴァ書房 2008年 105-135頁
黒木保博 「ソーシャルワーカーのグループ援助技術」 大塚達雄・硯川眞旬・黒木保博編著 『グループワーク論――ソーシャルワーク実践のために』 ミネルヴァ書房 1986年 85-104頁
硯川眞旬 「グループワークの援助媒体」 大塚達雄・硯川眞旬・黒木保博編著 『グループワーク論――ソーシャルワーク実践のために』 ミネルヴァ書房 1986年 52-84頁

武田建・大利一雄　『新しいグループワーク』　日本YMCA同盟出版部　1980年

レッスン10

柏女霊峰　『これからの子ども・子育て支援を考える――共生社会の創出をめざして』　ミネルヴァ書房　2017年

社会福祉士養成講座編集委員会編　『新・社会福祉士養成講座9　地域福祉の理論と方法』〔第3版〕中央法規出版　2015年

西尾祐吾監修、立花直樹・安田誠人・波田埜英治編著　『保育実践を深める相談援助・相談支援』　晃洋書房　2017年

おすすめの1冊

三輪律江・尾木まり編著　『まち保育のススメ――おさんぽ・多世代交流・地域交流・防災・まちづくり』　萌文社　2017年

まちにあるさまざまな資源を保育に活用して、出会いや関係性を広げていくことが重要である。子育て支援の場、家庭生活、地域の活動において、「子どもがまちで育つ」視点を大切にする「まち保育」とはどういうことなのか、新たな可能性と取り組みを紹介している。

コラム

保育所と小学校との連携

　保育所などで日々実践されている子どもへの保育は、小学校から始まる教育の基礎を養っています。乳幼児期の発達の特性を基礎に、自発的な活動としての遊びを重要な学習としてとらえて保育カリキュラムを立案して、保育士が環境をとおして、意図的・継続的な支援を行っています。

　その支援のなかで、豊かな感性を養うとともに、学びにむかう力（学習意欲や態度）の基礎となる好奇心や探究心を培い、また、小学校以降における教科の内容などについて、深く理解できることにつながる、学習の芽生えを育んでいます。

　子どもの内面に働きかけ、一人ひとりのもつよさや可能性を見いだし、その芽を伸ばすことをねらいとしている乳幼児期の保育は、目先の結果だけを期待しているのではなく、生涯にわたる学習の基礎をつくること、つまり、あと伸びする力（伸びしろ）を養うことを大切にしています。

　遊びを中心とした保育と、教科などの学習を中心とする小学校教育とでは、支援内容や指導方法が異なっていますが、保育から義務教育段階へと子どもの発達や学びは連続しており、保育所などの保育と小学校の教育とは円滑に接続されていることが望ましいと考えられます。

　しかし、実際には小学校入学後の生活の変化に対応しにくく、生活のしづらさを感じている子もいます。低学年の教室では、学習に集中できない、教師の話が聞けずに授業が成立しないなど、学習空間として成立しづらい状況があります。子ども一人ひとりがこうした生活の変化に対応し、義務教育およびその後の教育において実り多い生活や学習を展開できるよう、保育所などと小学校が相互に支援内容や教育内容を理解することが求められています。これは、保育所などの支援と小学校教育のどちらかが、もう一方に合わせることだけではありません。それぞれの実態や指導方法などについて理解を深め、広い視野に立って、一貫性のある支援や教育を相互に協力し、能動的に連携することが求められているといえるでしょう。

　保育を学ぶものとして、2017（平成29）年告示の「保育所保育指針」の改定は、あとに続く「小学校学習指導要領」の改訂とも潜在的につながっていることを視野に入れ、接続先への理解を深める必要があるといえるでしょう。

第3章

保育ソーシャルワークの実際

本章では、保育ソーシャルワークの実践事例をみながらそのすすめ方について学んでいきます。保育所や乳児院、児童養護施設等ではどのような実践が行われているのかを理解したうえで、スーパービジョンについてもみていきましょう。

レッスン11　保育ソーシャルワークのすすめ方（展開過程）
レッスン12　保育ソーシャルワークの実践事例（1）
レッスン13　保育ソーシャルワークの実践事例（2）
レッスン14　保育ソーシャルワークの実践事例（3）
レッスン15　スーパービジョン

レッスン**11**

保育ソーシャルワークのすすめ方（展開過程）

このレッスンでは、保育ソーシャルワークのすすめ方について学びます。保育領域におけるソーシャルワークは、子どもや家庭との"日々の関わりを生かして行える"強みがあります。その一方で、他領域とは異なり、支援のプロセスがはっきりみえにくい一面もあるため、支援者が意識して支援を行うことが大切です。

1. ソーシャルワークの展開過程

ソーシャルワークは7つのプロセスに沿って行われます。

1　展開過程（プロセス）とは

「展開」とは、不安や悩みを抱える保護者に対して支援をすすめていくことであり、そのなかには踏まえるべき「ステップ（段階）やプロセス（過程）」があり、保育の理論ではなく、ソーシャルワークの理論を用います。

2　展開過程の重要性と意義

　展開過程に沿って行われる支援は、言い換えれば専門性をもった支援を行うことを意味します。保護者支援は、管理職や経験の豊かな保育士が行い新人保育士はしなくてよいというものではありません。保育士が専門職である以上、誰もが同じ手順に基づき、一定のレベルの実践ができることが求められます。

　またプロセスを意識することで、支援前である過去—現在—支援後にある将来は、つながった「線」になります。たとえば、保育者は記録を見ながらこれまでの情報を整理し、支援につなげることができます。また、保育所を退所したあとを想定しながら、逆算の発想により現在の支援内容を検討することもできます。

　さらに記録をしっかり行うことで、子どもの成長や発達、家庭状況の変化により支援者が替わっても、方向性が安易に変わることなく、援助を続けていくことも可能になります。

　個人の経験や勘に基づいた、またはその場限りの支援になることを防ぎ、根拠に基づいた援助を行うために、展開過程を学ぶことはとても重

要です。

3 ソーシャルワークにおける展開過程

ソーシャルワークでは、領域や問題を問わず、支援が行われる過程は共通しています。図表11-1のように、支援のプロセスは全部で7つあります。

①ケースの発見

支援者が問題や問題を抱える**クライエント**を発見する、支援の一番はじめの段階です。**ケース**^{*}を発見するパターンは、大きく分けて3つあります。

1）クライエントが支援を求めて支援者のところへ相談に来る場合

クライエントは、自分自身で問題を認識しており、しかも解決したいという気持ちをもっています。3つのなかで最も解決につながりやすいパターンといえます。

2）支援者が問題に気づく場合

支援者がクライエントの抱える問題に気づくパターンであり、クライエントは問題意識がない場合や希薄な場合、また問題は認識していても解決に積極的でない場合もあります。

3）他機関から紹介がある場合

すでにクライエントに関わっている機関や人から紹介があるパターンです。引き継ぎケースとして、支援者の交代を依頼される場合や、一緒に連携して関わることを希望している場合などさまざまです。

②インテーク（受理面接）

支援者とクライエントがはじめて出会う段階です。クライエントが不安や緊張、ときには警戒する表情をみせるかもしれません。レッスン8

> **参照**
> クライエント
> →レッスン4、5
>
> ✴ **用語解説**
> ケース
> 事例のこと。解決すべき問題や課題のある事象。

図表11-1 支援のプロセス

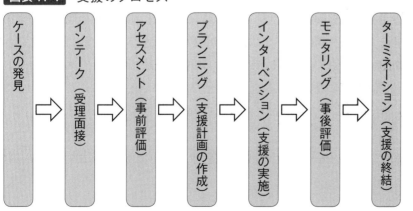

ケースの発見 ⇒ インテーク（受理面接）⇒ アセスメント（事前評価）⇒ プランニング（支援計画の作成）⇒ インターベンション（支援の実施）⇒ モニタリング（事後評価）⇒ ターミネーション（支援の終結）

の面談技術を活用しつつ、**ラポール**の構築を心がけます。同時に、しっかりとクライエントの話す内容に耳を傾け、ケースの概要を把握します。そのうえで、支援者がどのような援助を行えるかを判断し、支援者がクライエントに支援を行っていく意思表示をすること、すなわちケースの「受理」を行います。

③**アセスメント（事前評価）**

アセスメントは、1）必要な情報を集める、2）集めた情報の整理・分析を行う、3）課題と問題が起こっている原因や背景を明確にする、などを行う段階です。アセスメントは複眼的な視点から行うことが望ましいため、ケース会議を開くことは非常に大きな意味があります。

1）必要な情報を集める

ソーシャルワークはクライエント個人に目をむけ、同時にクライエントを取り巻くすべての環境にも目をむけます。クライエントとの面談を複数回行って、さらに詳細な情報を得ることもありますし、クライエントの同意や了解を得ながら、クライエント以外の人や機関からさらに情報を得ることもあります。

2）集めた情報の整理・分析を行う

集めた情報は現在のものだけでなく、過去のものもあります。また情報を得た相手によって、同じことに関する情報であっても見え方やとらえ方が大きく異なる場合もあります。その場合に情報整理が必要であり、この段階でケース全体を可視化することはとても有用です。そのためにジェノグラムや**エコマップ***に代表される**マッピング技法***を用いたり、アセスメントシート（ミニコラム②参照）を活用することもあります。

3）課題と問題が起こっている原因や背景を明確にする

ソーシャルワークの考えでは、問題には必ず原因や背景があります。アセスメントは「見立て」とも表現されますが、まさに問題の原因や背景がどこにあるかを見立てることがアセスメントです。

また、問題が複数起こっている場合などは、何を一番に取り組むべきかという優先順位をつけることが重要です。また、表面的に現れている問題だけでなく、さらに深くケースを掘り下げていくと、クライエントも意識していない、根本的・本質的な問題がみえてくることもあります。

参照
ラポール
→レッスン8

用語解説

エコマップ
エコはエコロジー（生態系）の略。エコマップとは、本人と家族が生活している環境を把握するための図。人間関係や制度・サービスとの社会関係を表示する。

マッピング技法
焦点化された問題状況に対し、状況の改善に重要なきっかけをみつけるために、ケースに関連する諸要因について関係性や相関性を地図のように視覚化する技法。

ジェノグラム：主に血縁を中心とした家族関係を表すために用いる。

〈主なルール〉

・男性は□、女性は○、クライエント本人は□◎で表す。
・■●は死亡を表す。
・婚姻関係は男女を実線で結ぶ。
・婚姻関係上の斜め線は離婚を表す。内縁関係は男女を点線で結ぶ。
・婚姻関係から下にむかう線で親子関係を表す。
・同居家族は円で囲む。

〈ジェノグラムの例〉

35歳の父、30歳の母、5歳の長男（本人）、1歳の長女の4人家族。

5歳の長男は前夫の子。

父方の両親は他界。

母方の両親は近所に住む。

ちなみに父には妹がいる。

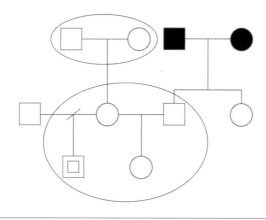

第3章 保育ソーシャルワークの実際

> エコマップ：クライエントを取り巻く、すべての関係を表す。
> 〈主なルール〉
> ・本人を含む、すべての存在をすべて〇（楕円）で表す。
> ・〇と〇をつなぐ線の書き方により、クライエントとの関係性を表す。
>   ①関係がよい場合は**太線**で表す。
>   ②ストレスを感じる関係は、**ストレス線**（┼┼┼┼）で表す。
>   ③関係が希薄な場合は**点線**で表す。
>   ④普通の関係は、**実線**で表す。
> ・例として下に示したエコマップは、レッスン中のインシデントに基づいている。
>
> 〈支援前〉
>
>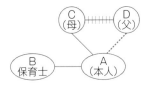
>
> 〈支援後〉
>
>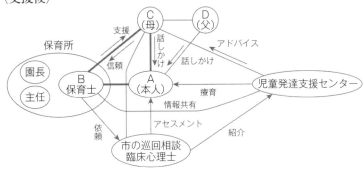
>
> 〈おすすめ〉
> ・<u>支援前</u>と<u>支援後</u>の２つを書くと**支援による変化**が把握しやすくなる。
> ・その場合、支援する存在が増えているか（〇の数の変化）、関係が改善されているか（線の変化）に着目する。

◆ 補足
支援による変化
支援前と支援後を比較すると支援する存在（〇の数）は増え、母親と父親の関係のところにあったストレス線が消えていることがわかる。

④プランニング（支援計画の作成）

アセスメントに基づいて、1）目標設定をする、2）実際に支援をどのように行うか、誰が担うかなど具体的な支援内容を計画する段階です。

1）目標設定をする

問題が複数ある場合、すぐに問題解決が難しい場合などは、実現可能性や緊急度に応じて優先順位をつけます。長期目標と短期目標のように、時間軸によって複数の目標を設定することも多くあります。スモールステップの視点が大切です。

2）具体的な支援内容を計画する

目標を実現するために、支援内容を決め、誰が担うかを決定します。その場合、1人に集中して負担が偏りすぎないよう、そして可能な限りクライエントにも役割を担ってもらうことで、問題解決にむけて主体的に取り組んでもらうことが重要です。

⑤インターベンション（支援の実施）

計画を実行に移す段階です。「クライエントが抱える不安や悩みは、その人と社会との関係に何らかの問題が生じているために起こる」（全体性の視点）ため、図表11-2のように支援者が行う援助としては、①"人"、つまりクライエントに直接はたらきかける場合、②"社会"、すなわちクライエントを取り巻く環境にはたらきかける場合、③その両方にはたらきかける場合の3つがあります。

直接援助では、たとえばクライエントを励ましたり、クライエントと一緒に行動することで心理的な支援を行います。さらに、問題に対するとらえ方の変容をはかるなどの**リフレーミング***を行うこともあり、クライエント本人が問題に立ち向かう能力を高めていきます。

一方で、間接援助は、クライエントを取り巻くあらゆる存在、たとえば家族や園、さらには外部の関係機関や職種など、さまざまな人や機関に働きかけます。具体的には、クライエントとの関係を構築・改善できるように試みたり、クライエントの問題解決に結びつく社会資源を利用できるように調整をすることもあります。

※ 用語解説
リフレーミング
保護者が困ったと感じている子どもの行動、保護者自身のことについて肯定的な視点からとらえ直し表現するなど、行動や関係などの意味を再変換すること。
→レッスン14

図表 11-2　直接援助と間接援助

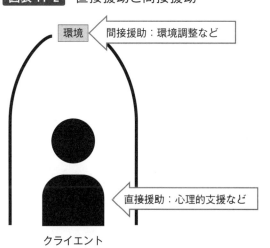

⑥モニタリング（事後評価）

　支援の経過を見守る段階です。計画に基づいて実行されているか、クライエントや環境に予想された変化が起こっているか、反対にうまくいかない部分が生じていないかなどを見守ります。モニタリングをしっかりと行うために、プランニングの段階において、具体的に、そして目に見えやすい形で目標設定を行うことが重要です。

　また、モニタリングを行うと同時にエバリュエーション（支援に対する評価）を行いますが、クライエント自身による判断、支援者による判断、そしてクライエントに関わる複数の関係者による判断の3つが考えられます。できる限り支援者の独断にならないよう、クライエントと面談を行ったり、ケース会議を開催するなかでモニタリングを行うなど、複眼的な視点を心がけることが重要です。場合によっては、アセスメントの段階まで立ち戻り、それ以降の手順を再度やり直すこともあります。

⑦ターミネーション（支援の終結）

　支援が終了し、クライエントと支援者の援助関係が終結する段階です。

1）問題が解決、改善された場合

　問題が解決した場合や改善された結果、支援が必要なくなる場合もあります。一番望ましいパターンです。

2）クライエントの事情により終了となる場合

　クライエントの転居、就労状況の変化、また小学校入学など、さまざまな理由により保育所を退所する場合はケースの終了となります。

3）支援者の事情により終了となる場合

　担当者の交代など支援者の事情で援助が終了する場合もあります。

　クライエントと支援者はこれまでの経過をともに振り返ります。そして問題が新たに起こった場合の相談体制について伝えたり、援助関係の修了にともなう感情を分かち合ったり、必要に応じて次の支援者への"つなぎ"を行ったりします。

2. 保育領域における展開過程

　前述した支援の展開過程は、保育領域ではどのように行われているのでしょうか。ここでは保育所に通う子どもの保護者を想定します。

1　ケースの発見

①クライエントが支援を求めて支援者のところへ相談に来る場合

　日常的に保護者と顔を合わせている保育者は、保護者にとって接点がもちやすく、気軽に声をかけられる存在です。登園や降園時、さまざまな園行事の機会に保護者から保育者に対して声かけがあり、相談が始まることも多くあります。

②支援者が問題に気づく場合

　保育の専門知識をもち、子どもの生活そのものに深く関わる保育者は、保護者が気づかない発達面での課題に気づくことがあります。また、登園や降園時をはじめ保護者と日常的に接しているため、保護者の子どもに対する養育態度、養育能力に問題を感じる場合もあります。保育領域ではこのパターンが最も多いかもしれません。

③他機関から紹介がある場合

　児童相談所や市町村の子育て支援課など、すでに家庭と関わりをもっている他機関から、子どもや家庭の状況について問い合わせがある場合や、複数の機関で家庭を支援するチームの一員として協力を求められることもあります。

> **【ミニコラム①】連絡帳の活用**
>
> 　保育所では、乳児クラスを中心に「連絡帳」が広く取り入れられています。食事内容やお昼寝の時間、排泄状況など、主に保育の記録として用いられている連絡帳ですが、保育者の記述に保護者が、保護者の記述に保育者がコメントするなど、双方向の"コミュニケーション"ツールとしても活用されています。連絡帳のなかには、保護者の育児に関する不安や悩みが書かれていたり、家庭生活やその変化がうかがえることもあります。ぜひ連絡帳を保護者支援のツールとしてとらえ、ケースの発見に役立ててみてください。

2　インテーク（受理面接）

　他領域では、クライエントと支援者がはじめて出会いますが、保育領域では両者の関係がすでにできていることが多く、子どもや家庭に関する基本的な情報も得やすい位置にあるという強みがあります。

　一方で、他領域ではみずからの機関で援助を行うことが適当でない、もしくは他機関に依頼したほうがケースにとって望ましい場合は、受理

（支援）を行わない場合もあります。保育領域では、親子分離が必要となる虐待のような深刻なケースを除き、たとえ保護者が支援を受けることに積極的ではない場合であっても、保育所に通っている子どもや保護者を粘り強く何らかの形で支援することがほとんどです。

3 アセスメント（事前評価）

①必要な情報をさらに集める

保育所では、子どもや子育てに関する情報はよく把握している一方で、子どもが育つ家庭、保護者に関する情報については、情報収集が新たに必要な場合が多くあります。ケースによっては、前年度の担任や、保護者と接点がある事務スタッフなどから有用な情報が得られる場合もあります。

そして、保健所や医療機関、兄弟がいる場合は、学校など保育所以外のさまざまな機関から情報を得ることが必要な場合もあります。

昨今はプライバシーの保護に配慮しすぎるあまり、情報収集を行うことにためらいを感じる保育者も少なくありません。また、保育所によっては、他機関と連絡を取り合うことの経験があまりないところもあります。しかし、子どもの最善の利益の視点から、情報収集を行うことが必要かどうかを判断することが重要です。

【ミニコラム②】アセスメントシートの利点

小学校、中学校をはじめとした教育機関では、ケース会議を行う際に「アセスメントシート」を導入・活用しているケースも増えてきています。アセスメントシートを活用する利点として、1）情報収集するうえで望ましい事項がすでに書かれているため、紙面に記入することで本人や家庭の状況が総合的に把握できます。2）ケースの概要が1枚にまとまっているため、口頭でケースを共有することに比べると、かなり時間が短縮できます。3）ケース会議のたびにアセスメントシートを作成し、保存していくことで記録の役割も果たせ、支援の経過が把握しやすくなります。

保育領域では、アセスメントシートの認知度は高いとはいえませんが、ぜひ現場で使いやすいフォームを作成してみるとよいでしょう。

図表11-3 「保育所保育指針」で求められている支援と実際のニーズとのギャップ

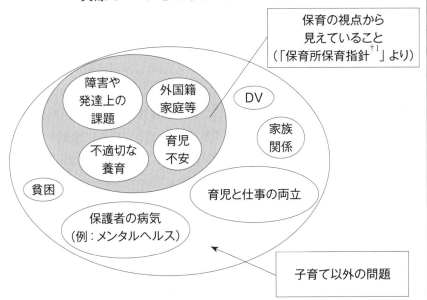

▶出典
†1 「保育所保育指針」第4章2「保育所を利用している保護者に対する子育て支援」(2)(3)

②集めた情報の整理・分析を行う

保育は、複数の保育者によるチームで行われている実状から考えても、一人の保育者のみで行うことは難しく、管理職や担任を中心に、子どもや家庭に関わる関係者が情報を共有しながら整理・分析をともに行うことが望ましいでしょう。そのためにもケース会議を開くことが有用です。ただし、保育業務を行いながら、保育者が一堂に会することは容易ではないことが予想されますので、あらかじめ文章で共有できるところはまとめておく（ミニコラム②参照）など、短時間で効率よく会議がすすめられるよう工夫をすることが大切です。

③課題と問題が起こっている原因や背景を明確にする

実は子育てに関する問題は、子育て以外の要因により起こっていることがあります（図表11-3）。

問題が起こっている原因や背景を明らかにするためには、家庭を取り巻く環境について多面的・包括的に情報を集めることが必要です。そのためにも、①で述べたような情報収集が大切になります。

4 プランニング（支援計画の作成）

①目標設定をする

問題が複数ある場合には、解決にむけた取り組みの優先順位を決めることは保育領域でも同様です。

目標を設定する際は、長期目標では半年から1年、短期目標では次の

ケース会議を開催するまでの期間や、1か月から数か月と設定する場合があります。

②具体的な支援内容を計画する

支援の計画にあたっては、担任保育者に負担が偏らないように、できる限り複数の保育者が支援を担うこと、できれば保護者自身も何らかの役割を担うこと、また可能な限り他機関の関わりも含めた支援内容を計画することが大切です。そうすることで協働意識が高まり、保護者にとって関係者がつながり"チーム"として支えてくれる実感がもて、安心感や信頼感が高まることが予想されます。

5 インターベンション（支援の実施）

保育者が保護者に行う直接援助には、他領域の支援者に比べて大きな強みがあります。朝夕の送迎や園行事などをとおして日常的に顔を合わせる関係により、保護者に寄り添うことができ、保護者の細かな変化にも気づきやすいからです。積極的な声かけや見守りなどにより、クライエントが問題解決にむけてスムーズに取り組めている場合は共に喜び、不安を感じている場合は保護者を励まします。

一方で保育者が行う間接援助は、子どもではなく「保護者」の環境に働きかけていくことを意味します。たとえば悩みを抱えているのが母親であれば、必要に応じて父親や祖父母など母親を取り巻く関係者と面談を行ったり、保育所外のサービス等につなげることなどが考えられます。しかし、これらは日常的に広く行われているとはいえないのが実状です。保育者にとって、子育て以外の領域へ支援を広げることをためらう気持ちが大きいことも理解できます。

しかし昨今のケースの多様化・複雑化を考えると、家庭が抱える子育て以外の問題にも目をむける**全体性の視点**が必要です。また一園で行える支援には限界があります。上手く引き継ぎをしながら他機関につなげる、もしくは抱え込まず、他機関と連携して行う支援などを積極的に考える必要があるといえます。

> 参照
> 全体性の視点
> →レッスン4

6 モニタリング（見守り）

5 のインターベンションと同様に、支援計画の経過を見守るモニタリングを行ううえでも、毎日のように子どもや保護者と接する保育者は保護者にとって大きな存在です。経過をリアルタイムに共有することにより、必要に応じて支援の変更や追加も行いやすく、うまくいかないときや新たな問題が生じている場合は、早めに再アセスメントを行うこ

とができます。

さらにクライエントである保護者に対して、単に計画通りに取り組めているかを確認するだけでなく、気持ちの変化にもていねいに着目することが重要です。

また複数の支援者が関わっている場合は、アセスメントやプランニングを目的とした1回目のケース会議が終了する際に、モニタリングを目的とした2回目のケース会議を設定しておくことは、関係者が確実に情報を共有するためにも、非常に有用なことといえます。

7 ターミネーション（支援の終結）

①問題が解決、改善された場合

主体的に問題解決に取り組んだ保護者の力をたたえ、この先も続く子育てのなかで、新たな問題がでてきたときの支援体制について伝えます。

②クライエントの事情により終了となる場合

クライエントの転居、就労状況の変化、また小学校入学など、さまざまな理由により保育所を退所する場合もケースの終了となります。保護者の意向を尊重しつつ、次の支援者が存在する場合は、ケースの引き継ぎ、情報提供を行うことが重要です。特に小学校への入学の場合は、「保小連携」をしっかりと行うことで、問題を未然に防ぐ予防的役割も果たすことが可能になります。

③支援者の事情により終了となる場合

多くの保育所では、年度とともに担任が交代します。たとえ園児は複数年にわたり保育所で過ごすとしても、主として関わる保育者が替わることは、いったんケースを終了して、新たな担当者がケースを開始することが望ましいと考えられます。

なかには、保護者と保育者に強い信頼関係が構築されている場合は、保護者が不安な気持ちを表出する場合もありますが、その心情を受け止めつつ、引き続き保育所全体として支えていく旨を伝えながら、新たな担当者への移行をすすめます。

3. 保育領域における展開過程の特徴とポイント・留意点

保育領域において、支援を展開するうえでの特徴や留意点について述べます。

①使われる語句が保育では聞き慣れないので現場で定着しにくい

　インテークやアセスメントをはじめとして、ソーシャルワークで用いる語句は、カタカナが多く保育現場で日常的に使われている言葉ではありません。そのため、なかなか現場で使いづらいことがあり、プロセスに沿った支援が定着しにくいという悪循環が起こっています。

②プロセスが可視化しにくい

　保育以外の領域では、ケースの開始や終了がはっきりしている、面談室で面談が行われるなど支援のプロセスが可視化しやすいのに対し、保育領域では、ケースとして関わる前から保育者としての関わりがあります。また、登降園など顔を合わせるタイミングをとらえて保護者と接点をもつことが多いため、面談室で話をすることはまれで、立ち話が日常的です。その様子は一見すると、「会話をしているだけ」にみえるかもしれません。このように保育領域では、プロセスごとの境界線が非常にわかりにくく、可視化しにくいといえます。

③保育者の強みが発揮できる領域がある

　保育者は、日頃からの保護者との良好な人間関係により、保護者からの相談を受けやすいという特徴があります。また、保育が家庭生活との連続であることや、毎日のように顔を合わせることから、保育者が子どもや保護者の日常のささいな変化に気づける、家庭の状況が把握しやすい、という利点もあります。また、実際に支援を行ったあと、経過を見守りやすい点も強みといえます。

　このようにケースの発見、インテーク、モニタリングなど保育者の強みを十分に意識することが、よりよい支援につながります。

【ミニコラム③】外部専門職の活用の可能性

　教育領域では、小学校・中学校を中心にスクールソーシャルワーカー（以下、SSW）という福祉の外部専門職が導入されつつあります。保育所と同じく、ケースの発見、インテーク、モニタリングなどは学校の先生が主体となって行いますが、SSWはケース会議に参加するなどして、アセスメントやプランニングの部分を一緒に行います。そして、必要に応じて学校外のサービスに連絡をとり、連携・調整する役割も担います。将来的に、支援のプロセスの一部を担う外部専門職を活用することは、保育領域にとっても大きな意義があると考えられます。

インシデント　保育所での援助事例

　最近入所した2歳児クラスのAちゃんの言葉の発達が遅いことに、担任のB保育士は気づきました。

　B保育士は、すぐに母親のCさんには伝えずに、信頼関係ができるよう、登園や降園時に必ず声かけを行ってきました。数週間後には、Cさんは自分からB保育士に話をするようになりました。B保育士は、Cさんとの会話をとおして、夫婦にとってAちゃんが第一子で子育ての知識がほとんどなく、Aちゃんの育ちに問題を感じていないこと、家庭での話しかけを十分に行っていないこともわかりました。

　B保育士は主任や園長と話し合い、Aちゃんに発達の遅れがみられること、療育的アプローチが必要であると伝えた一方で、両親の子育ての知識も乏しく、家庭でのAちゃんに対する関わりも不十分なため、両親への支援的アプローチが必要との結論に達しました。

　そこで懇談の際に、Aちゃんの発達に関する気づきを伝えると、Cさんは「個人差が大きい時期だから心配していない」と受け入れない様子でした。しかし、B保育士はCさんのとまどう気持ちを受け止め、受容的な関わりを続けました。やがてCさんは、みずからAちゃんの育ちで気になっていたことを、B保育士に語るようになりました。

　後日、CさんはB保育士と市の巡回相談に行き、臨床心理士にAちゃんの保育所での様子をみてもらい、家庭での関わりのアドバイスを受けることになりました。また、臨床心理士のすすめもあって、Cさんは児童発達支援センターにも訪れ、Aちゃんは週1回の療育サービスを受けることになりました。Cさんは療育に関するアドバイスを可能な限り家庭でも取り入れ、両親ともに話しかけの機会を増やしました。

　B保育士は、常にCさんと同じ情報を共有し、CさんのAちゃんに対する関わりを評価し、励まし続けました。臨床心理士や児童発達支援センターと連携したことは、両親に大きな安心感を与えました。療育機関と保育所、家庭が同じ情報や目標を共有しながらAちゃんに関わりを行った結果、Aちゃんは目に見えて発語が増えていきました。

　一番身近な子育て支援の専門職という強みを生かして、担任保育者が早期にケースを発見し、保護者の気持ちやペースを尊重しながらも、

ソーシャルワークのプロセスに基づいてていねいに支援を展開した結果、問題の改善につながった事例です。

　保育所外の機関やサービスにつなげたあとも、家庭と他機関、そして保育所が同じ支援目標を共有し、連携したことも成功要因の一つであることがわかります。

演 習 課 題

①保育者がケースを発見する場合、「気になる子ども」や「気になる保護者」には、どんな特徴があるのか周囲の人と話し合ってみましょう。
②あなたを中心にしたジェノグラムとエコマップを書いてみましょう。
③レッスンにでてくるインシデントを、展開過程を意識しながら読みましょう。

レッスン **12**

保育ソーシャルワークの実践事例（1）

このレッスンでは、保育所でのソーシャルワーク実践について学びます。保育所では、子どもの発達障害や「気になる子」への対応、虐待問題が増加しているなかで、子どもへの保育だけでなく、保護者への対応が困難になっています。事例をとおして具体的な支援の方法を学ぶことは有効です。

1. 事例をとおして学ぶこと

このレッスンでは、2つのケース（事例）が紹介されています。いずれの事例についてもレッスン11で学んだケースの展開過程に沿って、説明がされています。展開とはケースの発見、インテーク、アセスメント、プランニング、インターベンション、モニタリング、ターミネーションに沿って、支援の段階ごとに支援者の関わりについて考えていこうとするものです。

実際にはアセスメントをしながら計画を立てることもありますし、計画を立てながら介入をするといったように、段階は明確に分かれる場合と重複しながら進む場合があります。展開過程に沿った事例研究は「プロセス形式」とよばれ、ケースの全体像を理解するために広く使われている方法です。

2. 発達障害の疑いのある子どもの事例

1 事例の概要

家族：本児A（2歳3か月、男児）
　　　父親（会社員）
　　　母親（公務員）

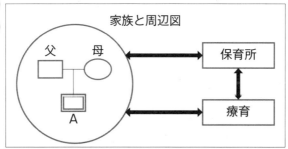

家族と周辺図

Aちゃんは生後7か月で保育所に入所しましたが、母親の姿が見えなくても泣くことはなく、すぐに保育所生活に慣れました。8～9か月を過ぎても人見知りをして泣くこともなく、そのことを母親は誰にでもなついて育てやすいと話していました。

保育所生活に慣れるのは早かったのですが、1歳を過ぎると午睡せず、いつまでも起きていることが多くなりました。家庭でも睡眠のリズムが定着せず、毎晩のように夜中に目を覚まして泣き叫び、母親が抱っこしても2～3時間泣き続けているようです。Aちゃんが夜中に泣くと、父親も不機嫌になったり怒ったりします。母親は睡眠不足になり、実母やママ友だちに相談しましたが、「赤ちゃんのうちはそんなものよ。今だけの辛抱」といわれ、育児の不安とストレスを抱えながらも、保育所でも何か子育てについて指摘されるのではないかと思い、相談できないままでいました。

1歳6か月児健診[*]で、Aちゃんの言葉の少なさと視線が合いにくいことが指摘され、「様子を見て2歳を過ぎてもあまり変わらなければ相談に来てください」と保健師にいわれました。「様子を見て」といわれてもどうすればよいかわからず、不安なまま過ごしていました。

担当保育者はAちゃんと接しているなかで、2歳を過ぎても言葉が少ないこと、視線が合わないことや多動的な動きをすることなど、気になることがありました。2歳児の子どもにはよくある行動でもありますが、担任としては、発達の専門家に相談したほうがよいのではないかと感じるようになりました。

2 保育所入所前の親子の様子

保育所に入所する前には、個別の面談があります。子どもの様子や家庭での状況を把握し、現在の子育てに関する疑問や問題についても保護者の思いを受け止める姿勢で話を聞くことが大切になります。保護者が安心して保育所に子どもを預けることができるように、保育所での生活状況や配慮についてくわしく伝えることも大事です。また、面談で話していく過程で、心配なことや不安、親子の抱えている問題などがあれば、次のような視点でわかりやすく説明します。

①保護者が抱えている問題を明確に具体化する
②保護者の求めているニーズを明らかにする
③保育所で対応できることを説明する

用語解説
1歳6か月児健診
1歳6か月～2歳未満児を対象にした健康診査のこと。1977年度に始められた。1歳6か月ごろは、幼児初期の身体発育、歩行等の運動発達、言語等の精神発達のチェックを行うことで、障害や発達の遅れを早期に発見できる。

④必要に応じて医療施設や相談機関などの説明（紹介）をする

　Aちゃんの入所前の面接では、まだ生後6か月ということもあり、健康面や発達面で気になることはありませんでした。母親の話からは、「離乳食を嫌がって食べない」「寝つきが悪い」などの状態はありましたが、特に困っている様子はありませんでした。保育所での生活について不安や疑問はなく、早く保育所に慣れてほしいという要望がありました。初期の段階から人見知りはなく、母親と別れる際も泣くことはないので、他児より早く通常保育になりました。

　保育所では、保育者が気になる子どもや特別な配慮が必要な子どもに気づくことがあります。しかし、発達の遅れや障害の疑いなどに気づいていたとしても、ただちに保護者に伝えるということはしません。まずは家庭での子どもの様子を尋ね、保育所での様子を伝えるという連絡を密にとりながら、保護者との信頼関係づくりを行います。集団保育のなかで気になる子どもを観察しながら、適切な支援につないでいくためには、担当保育者と保護者との間に信頼（ラポール）を築くことが重要になるためです。

参照
ラポール
→レッスン8

3　子どもの様子：ケースの発見〜アセスメント

　Aちゃんが保育所生活に慣れていき、進級したクラスの担任との関係もできてきたころには、行動面や感情、生活面や人間関係について気になることが増えてきました。担任保育者は、Aちゃんの気になる点を整理してみました。

①話しかけても視線が合いにくい
②2歳を過ぎても言葉が少ない
③午睡をせず、いつまでも起きている
④食べものの好き嫌いを超えた偏食がある
⑤急に部屋から飛び出して、関心のあるほうへ一人で行ってしまうことが多い
⑥名前を呼んでも聞こえないかのように走って行ってしまう
⑦無理やり連れ戻すと激しく泣き叫ぶ
⑧いつもと違う公園に行くと泣き叫んで遊ぼうとしない

　担任保育者は、このAちゃんの様子を「気になる子」として保育所

のケース会議*で報告をしました。保護者からも言葉の少なさを心配し、不規則な食事や睡眠の問題などで困っていることの相談があること、1歳6か月児健診では、「言葉が少ないので、様子を見る」という結果であったことを報告しました。行動面からみると、発達障害の疑いがあるということも想定し、定期的に来所する巡回指導（医師・保健師等）の専門家にみてもらい相談するということになりました。

「気になる子」については、その原因が障害によるものなのか、家族の関わり方や理解の仕方によるものなのかをまずは検討する必要があります。そのため、保育所だけでなく、療育や医療などの専門家に相談し、保護者の心情にも配慮しながら対応していく必要があると判断しました。

4 プランニング

この段階では、担任保育者による情報、保護者から得られている情報、関係機関から得た情報などに基づいて、Aちゃんへの発達援助や保護者への対応をどのようにすすめていくかについての具体的な方法を検討し、計画を立てます。

まず、Aちゃんについては発達の専門家から関わり方や、日常生活での援助の仕方について助言をもらいながら、担当保育者が配慮の必要な子どもとして対応していきます。問題行動の状態によっては、**加配保育士***を配置することも考えておくことにしました。保護者には、徐々に子どもの発達の問題を理解してもらうこと、保育者と母親との信頼関係を深め、保育所への不信感や子育ての不安を軽減するために、以下の点について配慮することにしました。

---

①家庭と保育所での様子をくわしく、ていねいに連絡し合う
②保護者からの疑問や要求に対しては、ていねいに対応する
③母親が不安や悩みを話しやすい雰囲気をつくる
④園の参観や行事などに参加することをすすめる

Aちゃんの発達支援について、保育所で可能な範囲で実践し、保護者が求める場合には、**発達相談機関**のサービスを検討しておきます。母親だけでなく、父親や祖父母などとも関わりを深め、Aちゃんについての情報交換や相談に積極的に応じていくことになりました。療育につなげるまでに、誰がどのように対応し、どれだけの時間をかけて支援をしていくかの計画も立てます。これらの計画やAちゃんと保護者の様子に

※用語解説
ケース会議（ケースカンファレンス・事例検討会）
援助に関わる関係者が集い、利用者の状態と変化、援助の進行状況などの情報を共有し、援助内容の適切さ、新たな課題や方法などを検討する会議。

※用語解説
加配保育士
障害児など特別な配慮が必要な子どもに対し、必要なケアを行いながら保育する保育士をいう。子どもが保育施設で加配を受けるには、原則としてその子どもが、障害者手帳をもっていることが条件となる。しかし、現場では、手帳をもっていない子どもに対しても、保育所側が必要と判断した場合は、加配保育士をつけるケースがある。

◆補足
発達相談機関
発達障害に関する相談を受けつけてくれる機関は、以下のようなものがある。
・市町村保健センター
・地域子育て支援センター
・児童相談所
・発達障害者支援センター
・療育通園施設
自治体によって機関の名称は異なる。相談は予約制の場合が多いので、あらかじめ電話などで確認するとよい。

ついては職員全体で情報を共有しておきます。

5 支援の経過：インターベンションとモニタリング

この段階では、Aちゃんの特性や個別のニーズに応じた保育を計画に基づいて行っていきます。Aちゃんは、2歳を過ぎてもほとんど言葉がなく、保育者や母親が話しかけても反応しないか、反応したとしても**オウム返し**の言葉が返ってきます。動きが活発になり、クラスを飛び出すことが増え、ほかの子どもへの関心もほとんどありません。そのため、Aちゃんには特別な配慮が必要であると判断して、加配保育士が個別に担当することになりました。

母親には障害児の加配保育士であるとは伝えず、Aちゃんの担当保育者ということで、母親との連携を密にしながら関わっていきました。しだいに母親は、言葉の少ないAちゃんについて心配していることを担当保育者に相談するようになってきました。母親は、子どもと向き合っていても反応が少なく、いったんパニック状態になると何を嫌がっているのか、どうしてほしいのかがわからない、子どもから慕われていないように感じる、などの不安を話すようになりました。担当保育者は、そのような保護者としての育児への自信のなさや育てにくさを受け止めながら、具体的な方法を一緒に考える姿勢で関わりました。

次の段階では、母親の**自己決定を尊重**しながらも、直接的な環境と間接的な環境を調整する支援をしていきます。直接的には、Aちゃんについて専門家からの指導をもとに援助方法を考え、問題行動への具体的な関わりをしていきます。間接的には、母親に保育参加をしてもらい、保育所での子どもの様子や加配保育士の関わり方をみて参考にしてもらいます。また、行事には、父親や祖母にも参加してもらうようすすめました。

3歳が近づくころ、母親との面談でAちゃんの発達の問題をどこに相談したらよいかという問い合わせがありました。加配保育士は、地域の発達相談機関を紹介し、申し込みの方法などをくわしく伝えました。また、母親自身の悩みや不安を受け止め、保育所でも協力していくこと、必要があれば子育て支援や療育の母親グループなどさまざまな社会資源を紹介することを伝えました。この段階においては加配保育士がAちゃんの通う療育施設を訪れ、そこでの支援内容を理解し、療育の方法や経過を相互に情報交換することもできます。療育機関と保育所がつながることは、保育者にとっても発達や障害についてより理解を深めていく機会になります。

◆補足
オウム返し
相手が言ったとおりに言い返すこと。エコラリア、反響言語ともいわれる。自閉症の子どもたちにはオウム返しの会話が多くなる特徴がある。

◆補足
自己決定を尊重
「保育所保育指針」には、「保護者に対する子育て支援を行う際には、各地域や家庭の実態等を踏まえるとともに、保護者の気持ちを受け止め、相互の信頼関係を基本に、保護者の自己決定を尊重すること」（第4章「子育て支援」1「保育所における子育て支援に関する基本的事項」）とある。

6 支援の評価と課題

　Aちゃんと母親の課題が解決されたかどうか検討するとともに、その支援方法は適切であったかを振り返ります。Aちゃんは、発達相談から療育機関につながり、**自閉症スペクトラム障害***であると診断されました。保育所では、正式に障害児の加配保育士を配置するようになり、保護者との連絡や協力がより効果的にできるようになりました。母親にとって不安はまだ残っていますが、保育、療育、医療など多くの専門家が関わっていることと、父親や祖母の協力もあることは大きな励みになっているようです。Aちゃんについては、今後も多くの課題がありますが、保育所と保護者、さらに関係機関との協力体制が築かれ、一定の成果を得られたことになりました。

　障害のある子どもに対しては、その子どもと家族の将来について長い目で話し合うことが大切になります。年長クラスになったときの対応や、就学に向けてどのようなスキルを身につけさせていくのかなど、小学校に入ってからも関係機関と連携しながら継続的な支援が必要となります。

7 支援全体を通して

　保育所生活の早い段階からの「気になる子」という保育士の見立てや気づきが、より早い段階、より適切な段階での望ましい支援につながったと考えます。担当保育者がケース会議で報告し、特別な配慮の必要なケースとして対応していくことができます。保育士が「気になる子」と感じるときは保育士自身が困っていることが多いため、子どもに対してマイナスの感情が動きます。しかし、そこで大事なのは子どもが今どういうことに困難さを抱いているのかについて、客観的にとらえる環境が整っているかどうかということです。その環境が、職員間でのケース会議や専門家からの**スーパービジョン***です。担当保育者や加配保育士にとって、スーパービジョンがあれば、子どもへの適切な援助だけでなく、保護者や家族に対しても配慮することができます。特に保護者に対しては、デリケートな心情に配慮する必要があります。そして気になる子どもや障害児については、その保護者や親族も含めて長期的に支援していきます。このように保育者とは、保護者にとって信頼できる相談相手であり、子どもの発達特性を理解し適切な助言を行い、協力して子育てをしていく存在であるべきです。

---

* 用語解説
自閉症スペクトラム障害
2013年に出版されたアメリカ精神医学会の精神障害・精神疾患に関するガイドラインである『DSM-5』より、自閉症、アスペルガー症候群、注意欠陥・多動性障害（ADHD）、学習障害（LD）など一つの診断名や境界線を引くことが難しいため、「自閉症スペクトラム」という広い言い方をすることになった（Autism Spectrum Disorder：ASD）。

* 用語解説
スーパービジョン
社会福祉サービス機関では、新人や中堅専門職の技術の向上、効果的な実践、機関内の人間関係機能の向上を目指して監督・指導が行われる。指導する側をスーパーバイザーといい、指導される側をスーパーバイジーという。
→レッスン15

3. 虐待の疑いのある幼児の事例

1 事例の概要

家族：本児B子（5歳、女児）、弟（1歳）
　　　母親（パート勤務）、父親（飲食店勤務）
　　　B子の父親とは離婚、弟は現在の父親が実父

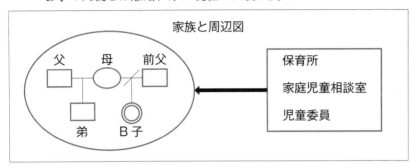

　母親はB子の父親と離婚しており、現在の父親と再婚して弟が生まれています。保育所には、ひとり親家庭としてB子が3歳のとき入所しました。入所したころは特に問題を感じることはありませんでしたが、母親が再婚したころからB子の様子に異変がみられるようになりました。友だちとのトラブルが多くなり、保育者に甘えるときと反抗するときが極端になりました。弟が生まれるということで情緒不安定になっていることもあり、様子をみていましたが、5歳児クラスになったころに身体にすり傷や青あざがあることに保育者が気づきました。

2 保育所入所時の親子の様子

　前の父親との離婚後、ひとり親家庭として保育所の入所面接がありました。母親はB子が3歳のときにB子と2人での生活が始まり、不安もあるようでした。しかし、パートの仕事がみつかり、保育所にも預けられることになったため、よかったと話していました。B子の健康状態に問題はなく、**慣らし保育***は順調に進み、短期間で保育所に慣れた様子で友だちとも楽しく遊んでおり、順調に保育所生活が始まりました。

3 家族状況の変化と子どもの様子
　　　：ケースの発見〜アセスメント

　B子が4歳になったときから「パパ」と呼ぶ人が登場し、母親と一緒に保育所に迎えに来たり、運動会の行事に参加したりするようになりま

※ 用語解説
慣らし保育
子どもは保育所や幼稚園にはじめて入るとき、保護者と離れて過ごすことや子どもの集団のなかで過ごすことなど、環境の変化に戸惑いや不安を抱く。そのことを考慮して保育時間を徐々に増やし、無理なく園生活に慣れることを目的とする保育。

した。このころからB子のクラスでの様子に気になることが増えてきました。自分の思い通りにならないとすねたり、いじけて廊下の隅やテーブルの下にもぐったりするなどの行動がみられるようになり、担任保育者が呼びかけても立ち直るのに時間がかかります。

母親に家庭での様子を聞いてみると、同じような状況があるとのことで、そのとき2人目を妊娠していることと、再婚の予定についての話がありました。家庭の状況の変化によってB子が**情緒的に不安定**[*]になっているのではないかということで、保育所でも気にかけておくことを伝えました。

B子が5歳児クラスになると、連絡もなく保育所を休むことが増えてきました。登園しても持ち物がそろっていなかったり、お迎えが予定時間から大幅に遅れたりするということがありました。B子も表情が乏しくなり、友だちと活発に遊ぶことが少なくなりました。母親のことを尋ねるとごまかしたり、外食がおいしかったなど、楽しかったことだけを話します。不自然な傷やアザがみられることもあり、B子に尋ねると「ころんだ」といって、決して両親のことを悪くいうことはありませんでした。担任保育者は、B子の様子と保護者の様子を下記のようにまとめて主任に伝え、職員会議でも報告することにしました。

〈B子の様子〉
①表情が乏しく、笑顔が少ない
②自分の思い通りにいかないと泣きわめくことがある
③保育士を独占し、極端に甘える
④洗濯していない服を着ていることがある
⑤ときどき不自然な傷、アザなどが認められる
〈保護者の様子〉
①着替えなど、持ち物をもってこない
②連絡なく欠席させたり、迎えが遅くなったりする
③食事は外食が多く、朝食を食べさせていないこともある
④B子をきつく叱り、きょうだいで養育態度に差がある

4 プランニング

担任保育者によるB子と家庭の情報を、保育所職員で共有することになりました。担任保育士を中心に、親子の様子についてさらにくわしく把握するために、**虐待防止チェックリスト**[*]（**アセスメントシート**[*]）を

用語解説
情緒の安定
「保育所保育指針」では「情緒の安定」のねらいとして、一人一人の子どもが、①安定感をもって過ごす、②自分の気持ちを安心して表す、③自分を肯定する気持ちが育まれる、④くつろいで共に過ごし、心身の疲れが癒される、と示されている。子どもは自己を肯定し、周囲の人への信頼感をもつように育まれることで情緒が安定する（第1章「総則」2「養護に関する基本的事項」(2)イ)。

用語解説
虐待防止チェックリスト
虐待防止チェックリストは、大きく「子どもの様子」と「保護者の様子」「生活環境」についての項目がある。子どもの虐待、マルトリートメント（不適切な養育）をチェックする目的で使用される。

アセスメントシート
保育での「アセスメント」とは、子どもの様子や育ちを記録することで見えてくる評価。保育場面での言動、遊び、生活を観察して、子どもの内面を理解するためにアセスメントシートを活用する。虐待の発見だけでなく、発達段階や対人関係、養育環境の具体的なことを把握する目的で使用する。
→レッスン11 ミニコラム②

記入することにしました。また、登園時には受け入れた保育者がB子の身体をチェックし、傷やアザについては写真やスケッチで客観的な証拠を残すようにしました。傷やアザの原因は、その日のうちに母親に確認し、家庭での養育状況についてもくわしく聞き取りをすることが重要です。母親がごまかしたり、話を拒否したりする場合もあるので、主任または所長が担任と同席して個別面談をするようにしました。

　チェックリストは、一人の担当保育者だけでなく複数の保育者の目で確認しながらチェックしていきます。また、チェック項目を定期的に見直すことによって子どもの変化にいち早く気づき、適切な対応につなぐ資料とします。このとき担当保育者が、情緒の不安定な子どもや拒否的・攻撃的な保護者との関係で悩むことがないように、一人で抱え込まずに職員同士で支え合うことが大事になります。

5　支援の経過：インターベンションとモニタリング

①保育所での支援

　子どもとの関わりでは、B子が健康で快適に安心して過ごせるよう、洗濯や衣類の貸し出しなどをできる範囲で行い、1対1で個別に関わる時間を増やしました。よいところはたくさん褒めますが、就学を控えているので、ときに毅然とした態度で注意することも必要と考え、ルールを守れるようけじめをもって接し、担当保育者との信頼関係を深めていくことを目指しました。

　保護者への関わりでは、母親が話しやすい関係、雰囲気をつくるため、送迎時には必ず声をかけるようにしました。母親の体調を気遣ったり、下の子の子育てのことを尋ねたりしながら、2人の子育てでがんばっていることを評価するようにしました。母親のプライドを傷つけないよう配慮し、B子の保育所での生活の様子や保育者の配慮の方法を伝え、保育所は母親の味方であるという安心感をもってもらえるように心がけました。重要な伝達事項や提出物は直接保育者が話し、メモをつくって渡すようにしました。

　個人面談で、母親はB子がいうことを聞かないことや保育所が遠くて送迎が大変だと訴えていました。下の子はかわいいが、B子は「イライラさせられてかわいくない」と言います。父親は、仕事の帰りが遅く、休みがとれない状況で育児には協力的ではないこと、疲れているときに子どもが泣いたりいうことを聞かないと母親に対してどなったり、ものを投げたりすることがあるということでした。母親が一人で子育てをする負担と夫婦関係の問題から、イライラの感情をB子に向け、不適切な

第 3 章　保育ソーシャルワークの実際

養育の原因になっていることがわかってきました。

②他機関との連携

　母親との面談から家庭の状況が把握できるようになり、さらにチェックシートからも、身体的・心理的虐待とネグレクトがあることが明らかとなってきました。虐待と思われる状況が日常的に継続していることと、保育所だけの支援では対応が難しいことを職員全体で確認し、これ以上重篤にならないためにも**関係機関に通告**すべきであると判断しました。通告に向けて、これまで集めている情報を整理し、保育中の子どもの様子や家庭での生活状況をまとめて、**家庭児童相談室**に伝えることになりました。

　通告後は関係機関との連携方法について考えていきます。家庭訪問すべきか、家庭訪問は保育所が行うのか、家庭児童相談室の担当者が行うのか、見守りのために地域の児童委員にも連絡するのかなど、支援のあり方を協議していきます。保護者の送迎が難しく保育所を休みがちになる場合の支援や、きょうだいの保育所入所について、また父親との面談の方法など、細部にわたって支援の方法を検討していきました。この協議では、それぞれの機関や担当者の役割分担を明確にすること、定期的に情報共有を行うことを確認しています。ケース協議での主な役割と支援計画は、次のとおりです。

◆ 補足
関係機関への通告
保育所は子どもの虐待を発見する最前線にあるといえる。「児童虐待の防止等に関する法律」では、児童と関わりのある職務にある者は、児童虐待防止のための啓発や教育を行う努力義務があるとされている。保育者は児童虐待を発見した場合、通告することが義務づけられている。

家庭児童相談室
家庭における児童の健全な養育・福祉の向上を目的に、福祉事務所に設置された相談所。社会福祉主事と家庭相談員が指導にあたり、児童相談所等との連携のもと、児童家庭関係業務を担っている。
→レッスン 7

◆ 補足
専門機関
精神面に関する相談のための専門機関としては、保健所・市町村保健センター、精神保健福祉センター、あるいは精神科、精神神経科、心療内科のある病院などがある。

> ①保育所からチェックリストと経過記録を提出。子どもの観察と生活援助についてていねいに行う。保護者との信頼関係を深め、困っているときに助けを求めやすくする。
> ②地域の児童委員は親子の家庭での様子を見守る。特に、保育所に子どもを預けていない休日に家庭訪問を行う。保育所送迎が難しいときは、保育所と連携して支援する。
> ③家庭児童相談室では、父親と母親の面談を行う。状況が改善しない場合は児童相談所に相談し、B子を一時保護することも考えておく。
> ④B子の小学校就学が近くなれば、入学予定の小学校にも情報を提供する。

　関係機関への通告については、B子の母親にもていねいに説明をしました。保育所では子どもへのていねいな育児支援を行い、家庭では地域の見守りがあること、保護者が精神的に弱っているときには**専門機関の**

紹介が可能であることなどを伝えました。困っているときは必要に応じてサポートする体制があることを伝えることで、保護者に警戒心ではなく安心感を与えることになります。保育所としては、送迎時に保護者の話をていねいに聞くこと、不適切な養育について責めたり批判したりしないことを心がけ、保護者のつらさや不安を受け止めることで信頼関係を深めていくようにしました。保育所での支援の経過として子どもと保護者の様子や対応について記録し、関係機関との協議において報告するようにします。

6　支援の評価と課題

　家庭への見守りや保護者への支援が進むにつれ、子育てへの負担が減少していったようで、母親の精神面にゆとりができ、表情も明るくなっていきました。母親の精神が落ち着くとB子の言動も変化し、情緒面も少しずつ安定している様子です。わざと注意されるような言動は少なくなり、保育者を独占することもなくなり、クラスの友だちと遊ぶことが増えてきました。衣類の準備などでは支援が必要なこともありますが、不自然な傷やアザなどはみられなくなりました。母親は、B子の弟も保育所に入所したため仕事を再開しました。育児から解放される時間ができたことも精神面のゆとりとなったようです。親子の不適切な情動は、ゆとりのなさからきており、ゆとりがあれば当たり前の感情を育み、親子関係や生活状況も改善していきます。

　子ども自身から、本当のSOSを発信するのは難しいこともあります。大人を困らせる言動から、子どもの本当の気持ちを理解する専門性が保育者に必要となります。虐待を早期に発見するためには、虐待を疑うための観察力が重要で、今回のケースでは、状況の把握のためにチェックシートを利用したことが効果的でした。問題の背景には、保護者の夫婦関係も影響しています。夫婦の問題を相談できる機関につなぐことで、父親への理解や支援になる可能性もあります。また、B子が小学校就学を控えているため、学校への情報提供を誰がどのように行うのかを検討していきます。これまでの経過を踏まえて、小学校とその他の機関が連携しながら、継続的な見守りと支援が必要となります。

演 習 課 題

① A保育士は担任をしている3歳のBちゃんについて視線が合わない、言葉が少ない、集団行動がとれないなど、発達のことが気になっています。ある日、Bちゃんの母親から、「うちの子、発達障害でしょうか」と相談がありました。あなたが保育者であれば、保育ソーシャルワークを活用してどのような対応と支援をしますか。

② 虐待の程度には、ローリスク、ハイリスク、中〜軽度虐待、重度虐待、最重度虐待があります。程度の違いを調べ、それぞれの段階でどのような支援が必要かを考えてみましょう。

③ Cさんは保育所にDちゃん（1歳）を預けていますが、保育者と会話がなく、子どものことを聞いても具体的なことを話してくれません。連絡帳にも必要最低限のことしか書かれていません。Cさんはいつも仕事が忙しく、疲れているような表情です。Dちゃんの表情も乏しいように感じます。Cさんとの信頼関係を築くために保育者としてどのように関わればよいか、具体的に考えてみましょう。

レッスン **13**

保育ソーシャルワークの実践事例（2）

このレッスンでは、社会的養護におけるソーシャルワークについて、児童養護施設と乳児院の事例から学びます。児童養護施設の場合は自立の課題が、乳児院の場合は家族再統合の課題があり、それぞれに共通するのは施設を変更する場合です。

1. 2つの方法で学ぶ事例研究

　このレッスンでは2つの事例を「エピソード形式」と「プロセス形式」で学びます。「エピソード形式」とは、ケースが展開する経過の一場面を取り上げ、その場面での対応を学ぶという、実践に近い事例研究の方法です。この方式は、**インシデント場面***ごとに、子どもや課題をみつけ出し（アセスメント）、保育者等の支援者が連携しつつ計画を立て介入をする状況がリアリティをもって理解することができるという特徴があります。

　一方で、レッスン12でも取り上げた「プロセス形式」は、支援の展開過程に沿ってまとめる方法で、ケースの動きを振り返り、支援者の関わりを反省的に評価する場合などに有効です。このような2つの形式をとおして、社会的養護における保育ソーシャルワークを力動的に学びます。

※ 用語解説
インシデント場面
インシデントとは出来事のこと。インシデント場面とは、出来事が起きた状況。

2. 児童養護施設：措置変更による入所児童への支援の事例

1　事例の概要

利用者：C（18歳、男子）高校3年生

　Cくんは、厳格な父親とそれに従う母親のもとで育ちました。中学1年生のころからの万引き、深夜徘徊（はいかい）などの不良行為によって、児童自立支援施設「Y学園」に措置されます。その後、中学卒業までY学園で生活し、地元のO高校入学を機に**児童養護施設「U寮」へ措置変更***で入所しますが、U寮入所後の生活は荒れ、再び万引きや深夜徘徊、無断外泊などの行動が頻発し始めました。本事例では、Cくんと両親への支援

参照
児童養護施設
→レッスン1

※ 用語解説
措置変更
児童相談所による子どもを措置（行政処分）する先が変わることを指す。子どもがA施設からB施設へ移る場合や施設から里親のもとへ移る場合のことをいう。ちなみに、施設や里親などのもとから家庭復帰したり、自立して巣立っていったりした場合に、措置が終了することを措置解除という。

を検討します。

2　家族構成

①父親 Dさん（48歳）

　Dさんは5人兄弟の末っ子として育ちました。Dさんの父親は、働きづめで家庭を省みるような人ではありませんでした。父親はDさんを含め子どもたちに厳しい人で、Dさんの母にもきつく当たり、手を上げることがよくありました。そのような家庭で育ったDさんは、家庭とはこのようなものであるという意識が強く、自身の結婚後、妻となったEさんにたびたび暴力をふるい、Cくんに対しても暴力的な関わりが多くみられました。

　Dさんは、自分が決めたことを曲げず、周囲の意見を聞き入れることが難しい性格です。そのため、Dさんの兄弟や両親ともに交流がなくなっています。

②母親 Eさん（45歳）

　Eさんは、幼いころに父親を亡くし、母親が一人でEさんを育て上げました。そのような母親も、Eさんが25歳のときに病気で亡くなりました。Eさんは、とてもおとなしい性格で社交的ではなく、友人もほとんどいません。そのため、頼れる人がなく、暴力をふるうDさんに従順にならざるを得なかったのです。Cくんが暴力をふるわれたときも、心を痛めながらもDさんには逆らえず、黙って見守ることしかできませんでした。

3　Cくんの家庭に関わる人々

　Cくんの家庭に関わる人々は、以下のとおりです。

児童養護施設「U寮」保育士	Fさん
家庭支援専門相談員	Gさん
児童自立支援施設「Y学園」　児童自立支援専門員	Hさん
県中央児童相談所児童福祉司	Iさん
市福祉事務所保護課ケースワーカー	Jさん
県立病院精神科医師	Kさん
O高校教諭	Lさん

4 経過

①Cくんの誕生

　Cくんが生まれるときに、父親のDさんは仕事をしていました。特に仕事が忙しかったというわけではなく、男が出産に立ち会うことなど必要ないという考えからでした。そのため、出産予定日が迫っていても気にかけることなく、働いていました。そして、陣痛がやってきた母親のEさんは1人で病院へ行き、家族に見守られることなくCくんを出産したのでした。

②誕生後～小学校時代

　Cくんが生まれてから、父親が育児に加わることは、ほとんどありませんでした。育児に関しては母親がすべてを担っていました。ただ、Cくんがいたずらをしたり、わがままをいったりしたときに父親がそばにいると、Cくんを叩いて注意をすることが多々ありました。そのため、Cくんは父親に懐くことはなく、怖がっていました。そのような環境で生活を送ってきたCくんは、小学校に入学してからは、友だちともめてしまったときなどに、手をだしてしまうことが増えてきました。そのことが父親の耳に入ると、Cくんは父親から殴られました。それ以外でもさまざまな面で父親から暴力を受けることがありました。しかし、母親がCくんをかばうことはありませんでした。しだいにCくんは、学校の備品やクラスメートのものを盗むようになっていきました。それが発覚すると、また父親から殴られるということが繰り返される小学校時代を過ごしていました。

③中学校入学と不良行為

　中学校に入学したCくんは、先輩や同級生とともに万引きやけんか、喫煙、深夜徘徊などを行うようになりました。自宅に帰ることも少なくなり、仲間と過ごす生活をしていました。そのような日々を過ごしていたある日、Cくんはクラスメートの財布を盗んだことが発覚し、それを注意した担任教師に対して、暴力をふるい大けがをさせてしまったのです。それにより、学校は警察に通報したのですが、そのような事件を起こしたCくんに対して、父親は殴る蹴るなどの暴力をふるうばかりで、それを止めようとしない母親の様子をみた警察の人たちは、この両親にCくんを育てることは難しいのではないかと感じ、**児童相談所に通告**しました。

④児童自立支援施設への入所

　通告を受けた児童相談所は、Cくんを一時保護所で保護し、社会診断などのさまざまな診断をもとに援助方針会議を開き、Cくんに対する援

◆ 補足

児童相談所への通告
少年事件における14歳未満の少年に関して、警察が対応した場合は、少年の行為や環境などに応じて児童相談所に送致・通告することになっている。Cくんの場合は、13歳のときの父母のCくんに対する関わりの様子から、児童相談所での対応が必要と考えられ、通告となった。通告を受けた児童相談所は、必要であれば家庭裁判所へ送致するが、Cくんの場合は、「児童福祉法」上の措置をとることになったのである。

助方針を決定しました。もちろんその過程で、担当児童福祉司のIさんは両親とも面接をして、話を聞きました。そのうえで、この両親のもとではCくんを育てることが難しいと感じました。そのため、Cくんを児童自立支援施設「Y学園」へ入所させることが決まりました。

⑤「Y学園」での生活

児童自立支援施設＊は、不良行為をしたり、そのおそれがあったりする子どもたちが主に入所しています。そのため、Cくんのように深夜徘徊などによって、生活リズムが乱れている子どもが、規則正しい生活リズムを身につけられるように日課が定められています。Cくんは、早朝から宿舎の掃除をし、施設と同じ敷地内にある中学校に通って勉強し、施設内のクラブ活動や畑・園芸作業をして一日を過ごしました。入所当初は、その少し厳しい日課につらい思いもしましたが、Y学園は**小舎夫婦制**＊を実施しており、児童自立支援専門員のHさんと妻の2人の支えによって、人の温かさを感じながら、前向きに生活を送ることができました。

また、今までは自分の人生について考えることはありませんでしたが、中学校に通い、勉強することで高校に行きたいと思うようになりました。そして、Cくんの地元にある県立O高校を受験し、無事に合格することができました。

⑥「U寮」への入所と父親の発病

CくんはO高校への入学を機に、通いやすい距離にある**児童養護施設「U寮」**に入所することになりました。高校入学にともない両親のいる自宅に帰ることも検討されましたが、父親が病気になったことで、Cくんが自宅に戻ることは難しくなりました。父親は、県立病院のK医師から双極性障害（躁うつ病）と診断されたため仕事を辞めることになり、母親はスーパーでパートを始めました。

⑦「U寮」での生活

CくんのU寮での生活が始まりました。高校1年生の1学期の間は、新たな生活に慣れるために必死でがんばりましたが、夏休みに入ってから施設内外に交友関係が広がっていき、特にCくんが育った地域の友人たちと連絡をとるようになりました。それにより、徐々にCくんの生活が乱れ始めていきました。

施設には一応門限が決められていますが、Cくんはその門限を破って帰ってくることが増え、無断外泊もするようになりました。そして、深夜になっても帰ってこないときには、担当のF保育士をはじめ、多くの職員で施設外を探し回り、みつからないときには警察に捜索願をだすこ

＊用語解説

児童自立支援施設
「児童福祉法」第44条に規定されている、不良行為をなす子ども、不良行為をなすおそれのある子ども、家庭環境などの理由から生活指導等を必要とする子どもを対象に、必要な指導を行い、自立を支援する施設。

小舎夫婦制
夫婦の職員が、入所している10名前後の子どもたちとともに暮らす形態のこと。児童自立支援施設における伝統的な形態だが、現在は通勤が可能な交代制を導入している施設が多く、小舎夫婦制を取り入れている施設は全体の3割程度になっている。

◆補足

児童養護施設への措置変更
児童養護施設は、児童自立支援施設と比較して、子どもの生活の自由度は高い。そのため、措置変更で移ってきた子どもたちは、その反動によって生活が乱れてしまう可能性がある。

ともありました。また、万引きで警察に補導されたり、高校の校舎裏で喫煙しているのが発覚して停学処分を受けたりすることもありました。

⑧母親の発病

　双極性障害の父親との生活で、母親もうつ病になってしまいました。そのため母親も働くことが難しくなり、県立病院の**医療ソーシャルワーカー***のすすめで父母は生活保護を申請し、受給することが決まりました。

⑨Cくんの思いを聞く

　Cくんは高校2年生になっても、相変わらず荒れた生活をしていましたが、担当のF保育士はあきらめずに声をかけ続けました。Cくんが夜遅くに帰ってきても、「おかえり、無事でよかった」といって迎えていました。ある日、F保育士はCくんから、「両親は、ずっと俺には関心がないんだよ。俺がこの施設に来てからも連絡なんてないしね」ということを聞きました。❶F保育士は、すぐに**家庭支援専門相談員**のGさんにその話をしました。そして相談員のGさんは、Cくんの担当児童福祉司のIさんに連絡を入れました。Cくんの生活状況を伝え、父母の様子を確認したところ、父母の病気のこと、生活保護を受給中であることが伝えられました。そして、今後のCくんと両親に対する支援方針を検討するため、**ケースカンファレンス**を実施することになりました。

⑩ケースカンファレンスの実施

　F保育士、G相談員、I児童福祉司、Jケースワーカー、K医師が集まり、Cくんの現状や両親の病状、生活状況について情報共有し、支援について検討しました。そして、親子関係再構築を目指した支援を実施していく方向にまとまりました。また、Cくんが卒業にむけて継続して高校へ通えるように支援していくことも話し合われました。

⑪3回目の停学処分

　そのような状況のなか、Cくんは高校で喫煙行為が発覚し、3回目の停学処分を受けます。Cくん自身には反省の様子がみられず、Cくんの担任のL先生からは、本人の自覚がなければ、学業を続けていくことが難しいのではないかという意見がだされました。F保育士は、停学期間中にCくんとしっかり話し合うことを約束しました。

⑫Cくんとの話し合い

　3回目の停学処分を受けたCくんは、自暴自棄になっていました。「もうどうでもいい、高校もやめる！」という投げやりなCくんに対し、F保育士とG相談員は両親と会うことを提案しました。Cくんは驚き、「そんなことする必要はない」といって拒みましたが、F保育士とG相談員

---

* 用語解説

医療ソーシャルワーカー（MSW）
病院において、患者やその家族からのさまざまな相談に応じ、経済的・心理的・社会的問題の解決、調整を援助し、社会復帰の促進を図っている。

補足

家庭支援専門相談員（ファミリーソーシャルワーカー：FSW）
児童相談所と連携し、保護者などへの相談援助を行い、親子関係の再構築などを図ることを目的としている。乳児院や児童養護施設、児童心理治療施設、児童自立支援施設に配置されている。

ケースカンファレンス
援助にたずさわる関係者たちが集まって行う事例検討会。今回の事例の場合は、U寮の職員だけでなく、児童相談所の職員や、生活保護を受給しているため、福祉事務所の職員（ケースワーカー）、病院の医師が集まったのである。

は、ていねいに時間をかけて現在の両親の様子を説明し、Cくんを説得しました。そして、Cくんは渋々了承しました。

⑬**両親との面会**

　県の中央児童相談所で、F保育士とG相談員、I児童福祉司の立ち会いのもと、Cくんと両親は、Y学園に入所してからはじめての面会を行いました。約3年ぶりの対面で、ほとんど会話はありませんでしたが、Cくんは父親が暴力をふるわず、穏やかに高校や施設での生活状況を聞く姿や、母親が泣きながら何度もCくんに謝る姿をみて、以前とは違う両親の様子を感じました。面会は30分程度でしたが、面会が終わって帰るときにCくんは、❷「またお父さんとお母さんに会えるかな」とF保育士に尋ねました。

⑭**親子関係の再構築と高校卒業へ**

　Cくんは、もう二度と同じ過ちはしないという気持ちで高校生活を送ることを決意し、担任のL先生とも約束をしました。その後、父母との面会を重ね、高校2年生になって自宅への一時帰宅（外泊）を始めました。父母の病気のことがあるため、一緒に暮らすことは難しいのですが、このように、ときどき関わりをもちながら、Cくんは高校卒業後の自立にむけてアルバイトを始めました。そして、無事に高校を卒業し、就職自立を果たしました。その後も、定期的に父母との関わりをもちながら社会人としてがんばっています。

5　児童養護施設の事例の考察

　以上のように、Cくんの困難を抱えながらの成長過程のエピソードを中心に紹介しました。生活場面で起こる課題（問題行動）について、その場面ごとに支援者らが対応する様子がエピソードとして理解できます。そのエピソードの積み重ねでCくんの成長と支援のあり方の全体像をとらえることができます。

　非行や不良行為をする子どもたちの多くは、背景に虐待問題を抱えています。万引きや窃盗を行う要因は、ネグレクトの家庭で育ち、食べるものがなかったり、親に自分への関心をもってほしいという注意獲得行動であったりします。不純異性交遊や強制性交等罪に関わる子どもは、性的虐待を受けていたり、暴力事件を起こす子どもは、身体的虐待を受けていたりするなど、さまざまな背景を抱えているのです。

　この事例では、身体的虐待や親の無関心、愛情をむけてもらえないなどの要因で不良行為をしてしまったケースを取り上げました。親子関係の再構築のために、さまざまな関係機関の連携によるソーシャルワーク

◆**補足**

保護者との面会
施設に入所している子どもと保護者などとの面会は、施設で行われることが多いが、場合によっては児童相談所で行われることもある。

◆**補足**

親子関係の再構築
多くの子どもにとって家庭・家族は、かけがえのない存在である。そのため、たとえ家庭復帰に至らなくても、その家族から自分が大切にされているのだと感じることによって、自尊感情を高め、成長につながっていくのである。

が展開されたことで、子どもが前向きに成長した事例です。

3. 乳児院における個別援助技術の展開

1 乳児院における支援

乳児院では、入所から退所後の支援まで各専門職員が協働し、関係機関と連携しながら子どもと家族への支援を行っています。ここでは子どもへの関わりに自信がない母親への支援事例をみていきます。

2 入所に至る経過

ある日、父親が仕事から帰宅したところ、激しく泣くA子（5か月）の声と、「泣きやみなさい」「いいかげんにして」と母親がどなる声がしました。父親が様子を見に行くと、母親がA子を激しく揺さぶりながら怒鳴っていました。急いで父親が止めに入りましたが、A子がぐったりしていることから救急で受診しました。病院は**乳幼児揺さぶられ症候群***の疑いで検査をしましたが、A子は特に異常はありませんでした。念のため、経過観察のため入院となり、病院は来院時の状況から児童相談所に通報を入れました。児童相談所は、A子を一時保護することを父母に伝え、その後、乳児院にて一時保護となりました。

児童相談所は、父母と面接を実施しました。父母は、母親がアルバイトをしていた飲食店で知り合い、A子を妊娠したことをきっかけに結婚したとのことです。しかし、母親は、子育てについてわからないことが多く、「A子が泣くと、泣きやませないとA子の成長によくないと思い、どうしたらよいかわからずイライラして、A子を激しく揺さぶったり、A子の口を手でふさいでしまったことがある」と話しました。父親は、夜勤のある仕事で、「母親一人でA子を養育する時間が長いため、心配だ」と話します。その後、父母から入所の同意を得て入所となりました。入所時の**エコマップ**は図表13-1のとおりです。

参照
乳児院
→レッスン1

* 用語解説
乳幼児揺さぶられ症候群
おおむね生後6か月以内の乳児の身体を大きく揺することにより、網膜出血、硬膜下血腫などが引き起こされること。揺さぶられっこ症候群ともいう。

参照
エコマップ
→レッスン11

図表13-1 入所時のエコマップ

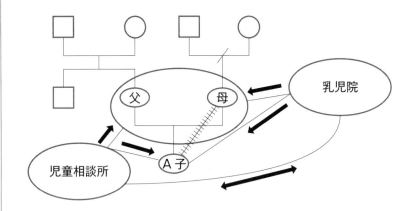

3 家族の状況

家族の状況をまとめると、以下のとおりです。

> A子：月齢5か月、女児
> 父親：工場勤務（24歳）　　母親：主婦（19歳）
> 入所理由：虐待

4 入所後の経過

A子：月齢5～9か月（入所～入所後4か月）

　面会は、父親が休みの日に父母で週に1回のペースで行いました。母親は、A子への関わりに自信がない様子で、父親がA子に関わるのを横でみて過ごすことが多くなりました。A子の月齢が6か月となり、離乳食が開始されました。A子の月齢が7か月を過ぎると、A子は父母との面会時に泣くことが増え、父母は、A子が泣くため落ち込む姿がみられます。父親は、A子を泣きやませるために積極的に関わりますが、母親はどうしてよいのかわからない様子です。そのため、以下のような支援が行われました。

①インテーク

　児童相談所からケース概要の情報提供を受けたうえで、はじめて父母が乳児院に来院した際、家庭支援専門相談員が乳児院についての説明を行いました。父母の家族構成などを確認すると、父親の実家は遠方で、母親の家族は母親が小学3年生のときに離婚し、父子家庭で育ったとのことです。A子の養育についての父母の意向の確認を行いました。

②アセスメント・プランニング

　A子の自立支援計画票を保育士、家庭支援専門相談員で作成し、施設長、臨床心理士、看護師、栄養士がともに参加し会議を行い策定しました。

> 計画
> 子ども：環境の変化による不安を軽減し、安心できる環境のなかで愛着関係を育む。
> 家　族：家族の気持ちに寄り添い信頼関係を築く。協働した養育を行いながら親子関係をつないでいく。

③インターベンション・モニタリング（1回目）

　自立支援計画票の作成の結果、以下の介入が行われることになりました。

・A子が家族と離れ、乳児院での生活となったため、保育士はA子が安心して生活できるようにスキンシップを大切にし、個別保育を心がけて行い、愛着形成に努める。
・保育士は、父母に離乳食の開始についての説明を行い、面会の日に栄養士や看護師と相談しスタートする。保育士が同席し介助のしかたを伝え、父母がスプーンでA子に介助する。父母は、A子が上手に口を開けて食べたことをとても喜ぶ。その後、面会の際は、父母が離乳食の介助を実施する。食事の形態や食材を増やしていく過程を保育士から説明を行う。
・A子が面会時に泣くようになり、家庭支援専門相談員は、発達段階における人見知りについて父母に説明する。父母の落ち込む気持ちに寄り添いながら、面会のあり方について検討する場をもつ。当面の面会は、保育士が同席し、A子が父母と落ち着いて過ごせるようになると、保育士は退席し家族で過ごす時間をつくるようにする。
・9か月児健診は、母親が一緒に行けるよう計画し、保育士が同行する。

A子：月齢10か月～1歳2か月（入所後5か月～9か月）

　母親は、A子に人見知りがみられるようになったことを気にしており、入所時よりまして、A子と関わることに消極的になりました。家庭支援専門相談員は、母親に平日に面会に来ることをすすめました。母親が一人で面会に来た際は、保育士が同席してA子や他児と一緒に過ごし、散歩に行くなどを始めました。母親は、A子を妊娠したことを知った際は、

うれしさよりもとまどいや不安な気持ちが強かったと話します。また、母親は、「泣かれるとどうにかして泣きやませようと思い、ひどいことをしてしまった」「またイライラしてA子に何かしてしまったらどうしよう」などと話します。A子は、母親が平日の面会を重ねるうちに、父母に甘えるようになりました。母親は、父親と一緒の面会の際は、父親がA子と関わるのをみていることが多かったのですが、母親自身からも積極的にA子に関わり遊ぶ姿がみられるようになりました。

④アセスメント・プランニング

A子の自立支援計画票の評価と計画について、会議を行い策定しました。

> 評価
> ・A子は、乳児院での生活にも落ち着き、保育士に甘えや要求をよくだす。保育士は、集団での生活による負担を軽減するため、A子に個別保育を意識しながら関わりを深めた。
> ・父母は、可能な限りA子の養育を乳児院とともに行い、A子の成長や養育状況について、共有することができた。また、A子の発達から人見知りが始まり、そのつど父母と話をする場をもつようにしたが、父母からの相談はあまりなく、引き続き同席面会を行いながら、信頼関係の構築に努めることになった。

> 計画
> 子ども：愛着関係を深め、心身の健全な発達を促す。
> 家　族：父母の相談に応じ、家族との信頼関係を深める。定期的な関わりのなかで安定した親子関係を築き、母親の養育に対する自信につなげる。

⑤インターベンション・モニタリング（2回目）

・母親のみの面会時は、保育士が他児とともに同席し、遊びや声かけなどの関わりを母親にみせることでモデリングを行う。A子の発達や様子を共有できるように心がける。
・保育士や家庭支援専門相談員は、母親自身の不安な気持ちに寄り添いながら話を聞く場をもち、A子が母親に甘え、母親と一緒に過ごす際のA子の表情がよいことを母親に伝え、母親自身がA子との関わり

において自信がもてるように図る。
- A子の誕生日には、ケーキを用意し父母と一緒に祝い、A子の成長をともに喜ぶ。

A子：月齢1歳3か月～1歳9か月（入所後10か月～1年4か月）

　面会をとおして親子関係が良好になり、A子は父母が来ることを知ると、笑顔で父母のもとに駆け寄っていくようになりました。父親から、引き取りについての相談があったため、家庭支援専門相談員が児童相談所児童福祉司に状況を伝え、家庭訪問を実施し、話を聞く場をもちました。父母宅の環境は良好ですが、母親は食事をつくるのが苦手であり、A子の年齢に合った食事がつくれるかどうか心配だと話します。また、一時帰宅するには、夜間のA子の様子を聞いているものの、成長してから一緒に過ごしていないため不安だと話します。母親からの相談により、一時帰宅をする前に外出や乳児院の親子宿泊体験室での宿泊を父母と計画しました。

　外出などの実施後、毎週、父親の仕事の休みの前日に母親がA子を迎えにきて一時帰宅するようになります。A子は母親の迎えを楽しみに待ち、喜んで一時帰宅しました。母親は、A子の引き取りにむけて父親が夜勤で不在時の一時帰宅を希望しました。母親は、A子のことについて話をすることが増えました。児童相談所児童福祉司と乳児院、父母で話をする場をもち、引き取りにむけて保育所の申し込みを行いました。保育所が決まるまでは乳児院での入所を継続しながら、家庭で過ごす時間を多くもてるよう一時帰宅を繰り返し行いました。保育所の入所が可能と連絡を受け、児童相談所児童福祉司が同席のもと、A子は家庭引き取りとなりました。

⑥アセスメント・プランニング

　A子の自立支援計画票の評価と計画について会議を行い策定しました。

評価
- A子は、1歳を過ぎると離乳食から幼児食へと移行し、歩行もみられ、やりとり遊びを楽しむなどの成長がみられる。担当保育士や父母との関係も良好である。
- 母親の面会時には、母親の話を聞く場をもつことができた。平日の面会を行うなかで、母親自身がA子との関わりに積極的な姿がみられる。

> **計画**
>
> 子ども：一時帰宅による家庭と乳児院での生活の変化の負担を軽減するため、家族と話をする場をもち、安心できる環境を整える。
>
> 家　族：一時帰宅をすすめ、家庭で家族と過ごす時間を増やし、親子関係を深め引き取りへとすすめていく。

⑦インターベンション・モニタリング（3回目）

・保育士と栄養士は、一時帰宅にむけてＡ子の嗜好や食べていない食材などを書面にして説明をする。また、親子宿泊体験室での宿泊を実施し、宿泊後に家族で過ごした様子を聞く場をもち、児童相談所と協議を行う。一時帰宅は、Ａ子の様子をみながら、外出から始める。

・保育士や家庭支援専門相談員は、父母に家での様子をそのつど聞きながら一時帰宅前後のＡ子の様子や親子関係、父母の表情などを観察する。

・家庭支援専門相談員は児童相談所児童福祉司と一緒に、Ａ子の一時帰宅中に家庭訪問を実施し、家でのＡ子の様子を観察する。

・家庭支援専門相談員は、父母と面接を行い、引き取りに対して不安なことや必要な支援について話をする場をもつ。引き取りにむけて家庭復帰計画書を作成し、引き取り後の支援について計画する。

・児童相談所、乳児院、保育所、担当保健師で支援者会議を実施し、引き取り後の支援体制について確認をする。

⑧ターミネーション

児童相談所児童福祉司が同席のもと、アルバムやＡ子に関する書類を渡し、乳児院からの引き取り後の支援について書面で説明しました。Ａ子は、父母とともに笑顔で乳児院の職員に手を振り、家庭引き取りとなりました。

> **アフターケア計画**
>
> ・月１回の家庭訪問や定期的な電話で、家族の状況確認や相談に応じる。
>
> ・行事や遊びで乳児院への来院を促し、Ａ子の様子や成長をともに喜ぶ。

・児童相談所、保育所や保健師と情報交換を行いながら、母親の体調を確認し、必要に応じてショートステイの利用をすすめていく。

5 乳児院の事例の考察

乳児院の入所から退所（家庭引き取り）までのＡ子と両親の状況、そして支援者らの関わりについて、援助過程（プロセス）をとおして概観しました。プロセスに沿ってみることで、ケースとしての流れと、各段階での支援を把握することができます。

虐待を理由に乳児院に入所となった家族は、子どもと離れて暮らすことになった悲しみや怒り、子どもにどのように関わったらよいかわからず悩むことが多くあります。また、妊娠をきっかけに結婚、出産、子育てに至った場合、親となる心の準備ができておらず、とまどう親も多く存在します。このケースは、同席での面会のなかで母親の相談に応じながら子どもの成長を共有し、母親の関わりを評価することで母親自身の子育てに対する自信につなげました。退所後も関係機関と連携しながら、子どもが成長していくなかで家族が相談できる場所や人を確保していくことが大切です。

演 習 課 題

①最初の事例の下線部❶（157頁）でＦ保育士は、Ｇ相談員に会話の内容を伝え、その後児童相談所へ連絡し、ケースカンファレンスを開くことになりましたが、そのように対応した理由を考えましょう。
②最初の事例で、Ｃくんが下線部❷（158頁）のように発言したのは、なぜでしょうか。Ｃくんの思いを考えてみましょう。
③最初の事例で、Ｃくんは、高校を卒業して就職自立をすることができましたが、それができた要因は、両親との関係改善のほかには何が考えられますか。

レッスン **14**

保育ソーシャルワークの実践事例(3)

障害のある子どもとその家族（保護者）を受容し、そのなかでそれぞれの「有する"ちから"」を見いだしながら、支援者と保護者の共同的関係を重視して行われる保育ソーシャルワークの展開について、児童発達支援センターの事例をとおして考えていきましょう。

1. 児童発達支援センターにおける障害のある子どもへの実践事例とは

参照
児童発達支援センター
→レッスン7

　児童発達支援センターにおける保育ソーシャルワークの実践では、大きく3つの機能と役割が求められます。1つ目に、障害のある子どもを保護者が受け入れていく過程を見守り、寄り添うこと。2つ目に、子どもの障害特性を理解しながら、どのような療育・支援がその子どもにとってふさわしいのかを長期的な視点から、保護者と共同的に考えて取り組んでいくこと。3つ目に、必要に応じて福祉や医療機関などの他機関につなぎ、連携した支援体制を整えることです。

　このレッスンは、児童発達支援センターに通う利用児と保護者への支援を考えるものです。保育ソーシャルワークの面接技術と個別支援計画の作成について学んでいきましょう。

2. 中度の知的障害があるAくんの事例

1 事例の概要

①概要

　Aくん（5歳、男児）は、中度の知的障害があり児童発達支援センターのS園に通い始めて3か月になります。家族構成は、両親と兄、Aくんの4人家族です。以前は、近所の保育所に通っていましたが、3歳6か月のときに保育士から専門機関での受診をすすめられ、中度の知的障害がある、自閉症スペクトラム障害の診断を受けました。Aくんは、肥満気味で体重はすでに30kgを超えています。言葉によるコミュニケーションが苦手であり、相手の言葉の理解も少し困難なようです。

②これまでの経過

母親は、自閉症スペクトラム障害という診断を受け入れられずにいました。そのためか、**療育手帳**＊などの取得にも消極的であり、児童発達支援センター（以下、支援センター）を利用し始めたころは、通うことをためらっている様子でした。

父親は仕事が忙しく、一度も支援センターに来たことはありません。毎日、Aくんの送り迎えをする母親に支援者が何度も声をかけますが、表情は暗く、ほかの保護者との交流も少ない様子です。一方、Aくんは支援センターでの生活にもしだいに慣れ、それまで一人ではできなかったトイレができるようになりました。しかし、家ではおむつを使用し、食事について栄養士からアドバイスを受けても「Aくんが欲しがるから」と改善がみられず、体重が増加している状況です。

> ※ 用語解説
> **療育手帳**
> 知的障害者に都道府県知事（政令指定都市にあってはその長）が発行する障害者手帳である。

2 子どもへの理解と保護者支援の展開

①ケースの発見〜インテーク：保護者の受容

毎日送り迎えに来るときの母親の表情が気になっていた支援者は、Aくんのこれからについて、母親が一人で悩んでいるのではないかと考えていました。ある日、母親が「Aのことで心配なことがあるのですが……」と支援者に話しかけてきました。いつもは、送迎時と連絡帳のやりとりが中心でしたが、一度母親とゆっくり話をする必要があると考え、その日の夕方に話を聞くことにしました。

> ※ 参照
> **インテーク**
> →レッスン5、11

支援者：Aくんのお母さん、お待ちしていました。
母　親：いつもAがお世話になっています。
支援者：最近Aくんは、ここでの生活にも慣れてきて、今日も一人でトイレができたんですよ。
母　親：そうなんですか。ここに通ってから、Aも少しずつ変わってきたと思います。
支援者：お母さんもそう感じておられるのですね。
母　親：……（沈黙）
支援者：Aくんについてのご相談ということですが、どうされましたか？
母　親：Aは、家ではあまり私のいうことを聞いてくれず、これからどうしていいのか不安なんです。
支援者：何か不安になったきっかけがありますか？

> 母　親：最近、水道の水に対してのこだわりが強く、いつも床をベタベタにしてしまいます。何度言ってもわかってくれなくて。もう5歳で間もなく小学生ですが、普通学級の小学校に入学できるのか、それとも特別支援学校を選択するべきなのか……。
> 支援者：そうだったんですか。お母さん、Aくんの将来のことを心配されていたのですね。よくお話ししてくださいましたね。
> 母　親：主人も仕事で忙しく、なかなかAのことを話せなくて、一人で悩んでいました。

　相談のきっかけを聞いてみると、母親はこれまでAくんに関する不安や悩みについて相談する人があまりいなかったこと、さらに、過去に知人に相談をしたときに、自閉症スペクトラム障害という言葉を聞いた途端に相手の表情がくもり、いかにも面倒なことだと感じていることが伝わってきたという体験を話してくれました。

②アセスメント：主訴の背景を理解する

　相談をきっかけに、支援者は母親の主訴に耳を傾けて、抱えている心配・苦悩・不安を受け止めつつ、その訴えている内容の背景に隠されているさまざまな要因を考えていくことにしました。そのため、最初に語った「水道の水に対してのこだわりが強く、いつも床をベタベタにしてしまう」ということに焦点を当てて、これまでどのようにして対処してきたのかをくわしく尋ねてみました。

> 支援者：水道の水で、床をベタベタにするとのことですが、最近はいつ頃ありましたか？
> 母　親：今朝もここに来る前に、少し目を離した途端に洗面所の水で遊んでしまって……。体も大きくなり、水道の蛇口に手が届くようになってからは毎日ですよ。
> 支援者：床を汚したときにお母さんはどのように対応されましたか？
> 母　親：大きな声をだして怒ってしまいます。ときには、手をだしそうになることも。
> 支援者：そうなんですね。お父さんは、そのときどうしておら

参照
アセスメント
→レッスン5、11

> 　　　　　れましたか？
> 母　　親：主人は不在で、仕事のため朝早く出かけ夜も遅い帰宅になることが多いのです。
> 支援者：それでは、平日はお母さんが一人でAくんの面倒をみているのですね。
> 母　　親：そうです。食事の準備から、後片づけ、お風呂も私がほとんど一人でやっていますね。
> 支援者：ご主人とAくんの水遊びについて、話し合ったことはありますか？
> 母　　親：以前、少し話しましたが、結局どうしていいかわかりませんでした。水が使えないように蛇口を取り外そうかと話しましたが……。
> 支援者：ご主人はAくんのことについて、どのように考えておられるのでしょうか？
> 母　　親：Aのこれからについて話をしたときに私と意見が合わず、少し言い争いのようになってしまい、それ以降は話を避けているんです。
> 支援者：そんなことがあったのですね。

　母親の話に耳を傾けていると、はじめは「水道の水に対してのこだわりが強く、いつも床をベタベタにしてしまう」という主訴でしたが、その背景には育児が母親に集中しており、一人で悩みを抱えていることが予想されました。ただし、これまでに夫婦でそのことについて話し合う機会を設けて、何とかしようと努力してきたこともうかがえます。しかし、夫婦以外にAくんの障害について相談をする人がいないことから、両親に対して自閉症スペクトラム障害の障害特性についての教育的機会を設ける必要があると考えられます。

③ 保護者の「気づき」と動機づけ面接

　支援が必要な子どもの保護者の多くは、自分の子どもの発育・発達や行動に違和感をもっていたり、障害があるのではないかと感じたりしながらも、障害特性について客観的に認識していないケースが多いのが特徴です。そのために、支援者は母親が子どもの障害について考えながらも、子どもの成長に目をむけていけるように話をすすめていきました。

> 母　親：Aはほかの子どもより発達が遅れていて、一人では何もできないんです。
> 支援者：お母さん、Aくんの将来のことを本当に心配されているのですね。
> 母　親：はい……。
> 支援者：最近、支援センターでは一人でトイレができるようになったんですが、家でもAくんがほかにできるようになったことはありますか？
> 母　親：そうですね。以前は、食事のとき手で食べることが多かったんですが、最近はスプーンやフォークを使って食べるようになってきました。
> 支援者：支援センターでも給食をこぼさずにがんばって食べていますよ。
> 母　親：そうなんですか。
> 支援者：お母さんは、発達が遅れているとおっしゃいましたが、Aくんもできることが少しずつ増えてきているのではないですか？
> 母　親：そうかもしれません。以前は、一人でトイレができるようになるとは思いもしませんでしたが、この子のペースで成長しているんですね。

参照
プランニング
→レッスン 5、11

④プランニング・インターベンション：支援計画の作成・支援の実施

　Aくんと母親のこれからについて考えることができたため、今後の支援について母親と一緒に考えることにしました。個別支援計画を母親とともに考えることによって、支援センターと家庭との連携を図り、保護者の養育力の向上を目指すなかで、日常的な家庭支援も可能となります。当面の支援をわかりやすい言葉で表すことによって、保護者は子どもの障害を取り扱い可能な問題として再認識し、主体的（保護者の）な支援にも結びつきます。

　支援者は、まず自宅での「おむつ外し」を提案し、小さな成功体験を積み上げていくなかで、Aくんと母親の目の前にある課題の対処能力を強化し、階段を一段ずつ上るような確かな変化を支えようと考えました。

> 支援者：支援センターでトイレに失敗することもありますが、決まった時間に声をかけているんですよ。家でも、おむつを外すことを目標にしてみませんか？
> 母　親：おむつを外すことができるのでしょうか……。
> 支援者：そうですね。それでは1か月程度、家で決まった時間にトイレに行って座る習慣を身につけるようにしてはいかがでしょうか？
> 母　親：わかりました。今日からやってみます。

　このように、保護者との合意のなかで支援内容を示すことができれば、その後の評価も明確になります。「一緒に考えた目標は達成できたのか」「できなければ、何を見直せばいいのか」というように、その評価に根ざした次のステップが可能です。保育ソーシャルワークの実践が支援者と保護者との共同作業であることは、このような支援の展開が基本にあるからです。

3　事例の振り返り

　早期に療育・支援を受けることで、子どもの生活が安定するにもかかわらず、支援センターに通い始める当初は、保護者が子どもの障害を受け入れていないケースがあります。保護者が子どもの障害を受け入れていなければ、支援に結びつかないこともあります。また、障害のある子どもとのコミュニケーションが難しい場合、保護者が「代わって伝える」ことが多いため、保護者の意向や思いがそのまま本人の支援に結びついてしまう危険性があることにも留意しなければなりません。この事例では、母親が子どもの障害と向き合うきっかけを、支援者が意図的につくるように配慮しました。その結果、母親の子どもの障害に対する認識の変化が次のステップにつながっていきました。

　また、保護者との共同的関係も重視しなくてはなりません。どれだけ施設で子どもへの療育・支援を行っていても、家に帰ったときに何もしていなければ意味がないからです。そのため、帰宅後の生活を変えようとする子どもや保護者への動機づけが必要となります。

　障害のある子どもを育てる保護者への支援では、その支援過程を保護者の養育力の向上や家族の発達の過程として位置づけることが重要です。「子育てに対してどう対処すべきかを教える」「不安を軽減して安定を図

る」ことも大切ですが、子育てについて悩むこと、保護者自身が自分たちの人生設計と突き合わせて迷うこと、ときには夫婦で意見を交わしながら揺れ動くことも大切なのです。抱えている問題と向き合い、乗り越える過程を見守ることも保育ソーシャルワークの実践では重視しなければなりません。支援者はAくんと家族が就学前・後に利用できる（利用すべき）サービスを考え、家族を支えるサービスのネットワークづくりなどに取りかかることになります。

3. 自閉症スペクトラム障害のBくんの事例

1 事例の概要

①概要

Bくん（5歳、男児）は、両親と弟の4人家族です。3歳児から認定こども園に入園しましたが、なかなか園になじめず、登園を嫌がる日が増えていきました。言葉が少なく、給食を食べられないことや、教室の中をぐるぐる回るなど、園での様子が心配になり、両親は役所に相談に行きました。その後、医療機関での受診をすすめられ、自閉症スペクトラム障害の診断を受けました。発達上の凹凸の差が大きいものの、療育手帳の範囲からはほんの少し**発達指数（DQ）**[*]値が高く非該当でした。

②通所に至るまでの経過

自閉症スペクトラム障害という診断を受け、両親はBくんに適切な環境での生活や支援が必要だと考え、再び役所へ相談に行きました。そこで、療育を受けることができる**事業所**や相談支援専門員のいる事業所の案内を受け、療育を受けるための手続きをすすめることにしました。

いくつか事業所へ見学に行き、そのなかで、本人が気に入ったZ事業所を選び、認定こども園から帰園後、週2回の通所がはじまりました。

③Bくんの様子

Bくんは、こだわりが強く、気持ちの切り替えや折り合いをつけることが難しい面がありました。また、はじめてのことや自分の思いと異なる状況では、自分の思いを強く主張することや反対のことを言葉で表すなど、スムーズに行動できないことがよくありました。言葉の使い方がややパターン的で、テレビで聞いたセリフなどを覚えたまま話すということも多く、友だちとの会話が一方的になりがちです。支援者などの大人とは積極的に関わりますが、同世代の子どもとの関わりはほとんどありませんでした。

[*] **用語解説**
発達指数（Developmental Quotient：DQ）
乳幼児の発達の程度を標準と比較して表した指標。標準化された発達検査により運動機能、知覚機能、社会性などについての細部の評定を行う。その得点からDA（Developmental Age）を求めて、暦年齢（Chronological Age：CA）を除し、100倍することで得られる。

補足
事業所
児童発達支援事業所、就学前の療育、就学後の放課後デイサービスなどがある。

一方、記憶力は、非常に優れていました。興味のあることについては、集中して取り組むことができ、次々と新しいことを覚えることができました（電車の名前や路線図、駅名など）。また、視覚的に理解することが得意で、一度通った道はしっかりと覚えることができていました。

2 子どもへの理解と保護者支援の展開

①Bくんへの関わりと変化

Z事業所ではBくんに対する両親の思いを次のように確認しました。

> ①本人にとって安心できる環境をつくりたい
> ②同世代の子どもと楽しく関われるようになってほしい
> ③日常生活のなかで、場面の切り替えがスムーズになってほしい

また、Bくんを担当する相談支援専門員からは、「同世代のお友だちとの関わりのなかで、感情の表出ができるようになることや、切り替えができるようになる」という療育の目標を確認し、双方を踏まえて、個別支援計画の作成をしました。

図表14-1は個別支援計画の一部です。

Z事業所は小集団で療育を行い、それぞれの子どもたちが安心感と自信をもてるようになることを大切に、療育をすすめています。Bくんの療育においても、遊びを通じて、達成感や自信をもつことを目指していきました。

Z事業所に通所を始めてから半年がたつころ、母親と面談をもち、Bくんの変化について確認をしました。Bくんは、視覚的な提示物（タイマーなど）があると、見通しをもつことができ、行動を切り替えることができるようになってきました。また、友だちの名前を呼んだり、自分

図表14-1　個別支援計画

支援目標	支援内容
①友だちへの興味関心を高める	Bくんが興味関心をもつ遊びをプログラムに導入し、友だちと楽しく関わる経験を積み重ねていきます。
②場面に応じて切り替えができるようになる	あらかじめ、スケジュール掲示や具体的な説明を行います。タイムタイマー®*を使うことで、視覚的に見通しをもって行動できるように支援します。
③自分の気持ちを言葉で表出できることが増える	発する言葉一つひとつにていねいに応答します。言葉で表現できないときには、絵やジェスチャーの活用や支援者が代弁することにより気持ちを確認し、受容する関わりを行います。

＊用語解説

タイムタイマー®
赤い円盤が時間経過とともに減っていくことで、残り時間が一目でわかるタイマー。特別支援教育の場などでもよく用いられる。

から近づき、友だちと一緒に追いかけっこをして楽しむ様子が日常的に見られるようになってきました。認定こども園にも楽しく通園していると、母親はうれしそうに語る反面、Bくんが気持ちの切り替えができないときや、納得できないときには、部屋の外に出てしまったり、ズボンを脱ぐなどの行動があるため、「どう対応したらよいのかわからない」と、少しイライラしている様子でした。

②保護者への支援的関わり

保護者は、診断を受け入れ、なんとかBくんのためによい環境づくりをしていきたい、子どものためになることは、一所懸命やっていきたいという考えをもっていました。しかし、実際に目の前で起こる行動をみると、「昨日はできたのに、どうして今日はできないの」と焦りがでて、イライラをBくんにぶつけてしまうことがあるようでした。3歳下の弟が言葉を話すようになると、弟とは言葉で意思疎通がとれるため、さらにBくんに対して、「弟はできるのに、どうして……」と、比較することで苦しくなることがあると、支援者との話のなかでわかってきました。母親がイライラを募らせることが続くと、Bくんは、Z事業所においても、気持ちと反対の言葉を何度も何度も繰り返して言うなど、かたくなな様子をみせることがありました。

③家族関係に重点をおいたアセスメントとプランニング

母親の不安な気持が増加することは、Bくんの不安定さにも影響があると考え、支援者は、ゆっくりと話を聞く時間を定期的に設けることにしました。

支援者：お母さん、弟くんが動き回るようになってきて、毎日忙しいでしょう。

母　親：そうなんです。弟がゴロゴロ寝ているだけのときは、Bにじっくり構うことができていたんですが、弟から目が離せなくなって……。ちょうど、パパも仕事が忙しくなってきたので、ますます大変で……。

支援者：Bくんと弟くんの関係はどうですか。

母　親：それが、あまり興味を示さないんです……。

支援者：そうなんですか。Bくん、弟くんの名前を私たちに教えてくれますよ。大切に思っているんじゃないかなぁ。

母　親：だといいんですが。「お兄ちゃんなんだから、お手伝いしてね。弟の面倒みてね」ってお願いするんだけど、「い

> や」しかいわなくて……。「もう！　お兄ちゃんのくせに」っ
> てついいってしまったり……。
> 支援者：お母さんが弟くんから目が離せなくなってきたから、
> さびしく感じているかもしれないですね。まだまだBくんも
> お母さんにみていてほしいから、お兄ちゃんになってしまっ
> て、お母さんに甘えることができなくなることに不安を感じ
> ているかもしれないですね。"お手伝い"といわれても、Bく
> んにとっては何をするのかわからないと思うので、もう少し
> 具体的に伝えてあげるといいかもしれないですね。たとえば、
> はじめは、お母さんがBくんと弟くんと3人でBくんの好き
> な電車のおもちゃで遊んだあとで、「Bくん、上手に線路を
> つなげたね。すごいね。弟くんにも電車を走らせるところを
> みせてあげようか」と、しっかり褒めてあげたあとで、2人
> で遊べるように促すとか、どうでしょう。
> 母　親：子どもと一緒に遊ぶとか、後回しになってしまって
> ……。やってみます……。

　母親の話を聞いていくと、Bくんが以前に比べて成長したことで、もっとできることがあると期待感が膨らみ、Bくんにとってはプレッシャーになるような言葉かけが増えてきているようでした。定型発達の弟の子育ては、Bくんのときと比べるとスムーズに行うことができており、弟に対して愛着が湧きやすい様子がみられました。そこで支援者は、母親にBくんができるようになってきたことやがんばっていることに焦点を当て、日頃の様子を伝えるとともに、具体的な声のかけ方も提案していきました。

　子どもの成長とともに、母親の悩みも変化していくため、母親の様子も観察しながら、面談は1か月に1回程度行い、そのつど、保護者が困っていることに耳を傾けながら、現在のBくんの成長と照らし合わせ、具体的な支援策を検討していきました。

④関係機関との連携支援

　Bくんは、時間やスケジュールへのこだわりが強いため、毎日一定のリズムで動くことに対しては、集団のなかに参加できるようになってきましたが、特別な行事への参加や、日常とは違うスケジュールにはとまどいや拒否を続けることがありました。その一つが毎年行われる運動会です。Bくんは毎年運動会の時期になると、不安定になります。夏休み

が明けたころから、唾を飛ばすようになったり、帰宅のために母親が迎えに行ったときに、園庭で寝転んで動かなくなったりと、母親からすると、"困った"行動が出始めました。

> 母　親：最近、唾を飛ばしたり、帰園の準備に時間がかかったり、手がかかるようになって、またイライラしてしまうんです。できるだけ、"何か嫌なことがあるのかも"と、理解するようにと思うのですが、唾を吐くことはよくないことなので、ただのわがままならやめさせたい、とつい叱ってしまうんです。
> 支援者：そうなんですか。確かに、Z事業所に来ている間も、いつもより落ち着かない様子がありますよね。Bくんのことをお母さんが理解してあげることが、大切なことですね。Bくんにとって何か嫌なことがあるのか、心当たりはありますか。
> 母　親：……。10月に運動会があり、その練習が始まっているので……。そういえば、「踊りがいやや～」って、夜寝る前に、布団から聞こえていました。
> 支援者：そういえば、毎年、Bくん運動会の時期は不安定ですね。去年はもっと友だちにも攻撃的になっていたりしていましたが、それを思うと成長したのかな。がんばってるんですね。唾を吐くのも、気持ちを言葉で伝えることができないからかもしれませんね。
> 母　親：はい、がんばっているんだと思います。あんまり、がんばりすぎて、ストレスになるのも心配なので、園でどんな様子で練習しているのか知りたいのですが、園の先生に聞いてみても、「大丈夫ですよ」と私に気を遣って本当のことを話してもらえていない気がして……。

　母親は、毎日送迎をしているため、園の先生と話すチャンスがあるものの、個別の支援について話をすることができていないということが面談のなかでわかってきました。

⑤**運動会に向けたカンファレンス**
　支援者は、Bくんと母親に対するアセスメントを行いました。
　Bくんについて：嫌だといいながらも、がんばりたいという思いがあ

るからこそ、園を休まず登園しているが、うまく踊れない不安や、しんどくなる気持ちをいえずに、唾を飛ばすなどの行動がでているのかもしれない。

　母親について：Bくんの成長を感じているため、踊りもみんなと参加してほしいと強く思っているものの、不適切な行動を受け入れることができない様子である。変化や新しいことに対応することが難しいという障害特性があることもわかりながら、ただのわがままかもしれないという思いもよぎり、どう対応してよいか悩んでいる。また認定こども園の先生にどこまで個別支援について相談していいものか迷っている。

　認定こども園について：支援が必要な子どもがほかにはいないため、Bくんの障害特性について理解しているかどうか不明である。保護者とは、Bくんの支援方法について、話し合う場がもてていない様子である。

　上記のアセスメントをもとに、母親と相談し、相談支援専門員を通じて、認定こども園と母親、Z事業所と相談支援専門員も参加し、運動会に向けたカンファレンスを行うことを提案しました。母親が現状をうまく言葉にして伝えることができないかもしれないという意向を踏まえ、母親の同意のもと、Z事業所から相談支援専門員へ連絡し、日程調整を行ってもらうことになりました。

　相談支援専門員：本日は、お集まりいただきありがとうございます。運動会の練習が始まり、Bくんの様子に変化がでてきていますが、運動会に向けて、支援者が保護者さまと現状の共通理解と今後の方針と役割分担を考えていきたいと思います。

　母　親：本日は、ありがとうございます。Bが運動会でがんばれるように応援したいけれど、あまり無理をさせたくない思いもあって……。悩んでいます。今日は、園での様子も教えてもらえたらと思います。どうぞよろしくお願いいたします。

　認定こども園：Bくんは、昨年に比べて、練習にも参加できるようになってきましたよ。でも、ダンスの音楽が流れると逃げてしまって、本のある部屋で、好きな本を読み始めたりしています。最初は無理やり参加させようかとも考えましたが、Bくんの気持ちを尊重し、しばらくそっとしています。すると、部屋の陰から、練習の様子を見ていることもあり、気になっているんだなあと理解しています。どこまで、背中を押

> したほうがよいか、私たちも実は悩んでいましたが、お母さんに心配をかけてもいけないと思い、相談することができていなかったので、今日のような場があってよかったです。
> Z事業所：Z事業所利用中に、ダンスで使う曲を口ずさんだりしています。みんなと参加したい気持ちはもっているのではないでしょうか。踊りが結構難しいと聞いているので、練習のしかたなども、工夫できるといいですね。

　カンファレンスでは、Bくんの障害特性を改めて確認したうえで、日頃の様子を情報共有し、運動会に向けて、Bくんがストレスを感じすぎることなく、参加するための方法を検討することができました。毎日、通園時の送迎を保護者が行っていても、園の先生と保護者が子どものことについて、何でも話せるわけではありません。特に支援が必要な子どもの保護者は、自分の子どもだけ、個別に関わってもらうことについて躊躇してしまい、本音で話せないことがあります。園側は、園で起こる課題は、園のなかで解決することとして、保護者に話せていない場合があります。子どもを中心に検討する場として、第三者や専門家とともに一緒に話をする機会をもうけることが大切だということを、参加者全員が感じることができました。

　Bくんは、運動会当日、みんなと一緒にダンスに参加することはできませんでしたが、踊りを覚えることができ、Bくんなりの達成感を感じることができたようです。保護者もBくんが練習をがんばったことをしっかりと認め、言葉にして伝えることで、Bくんにとっての運動会はよい思い出となりました。

3　事例の振り返り

　保護者が障害を受容し、前向きに考えることができていたとしても、子どもの成長段階に応じた悩みは尽きないものです。障害のある子どもの保護者は、"わが子は、みんなと違う"ととらえ、孤立しがちです。そのため、子どもに関わる関係者が意識的につながり、情報を共有することが大切です。子どもを中心に据え、関係する支援者や機関がつながり、共同でアセスメントすることで、子ども支援の方向性が統一されていくことでしょう。目の前で起こっている事象にとらわれることなく、子どもの成長段階をとらえ、日常に関わる環境にも目を向けるソーシャルワークの視点が子育ての悩みや迷いの一助となるでしょう。

演習課題

レッスン中にでてきた第2節「中度の知的障害があるAくんの事例」について考えてみましょう。

①Aくんのストレングスを、リフレーミング[※1]をして考えてみましょう。

リフレーミング

No	前の表現	リフレーミング後	No	前の表現	リフレーミング後
例	5歳	早期の療育が可能	4	言葉によるコミュニケーションが苦手	
例	中度の知的障害	経験を積み重ねればできることが増える可能性がある	5	家ではおむつを使用している	
1	自閉症であり、強いこだわり行動がある		6	施設内のレクリエーションに不参加	
2	母親の言うことを聞かない		7	水遊びが好き	
3	頑固な性格		8	父親は仕事が忙しい	

出典：小口将典「児童発達支援センター（障がい児施設）における保護者支援」小原敏郎・橋本好市・三浦主博編『演習・保育と保護者への支援――保育相談支援』みらい、2016年、215頁をもとに作成

②ソーシャルワークにおいては、ストレングス視点、エコロジカルな視点が重視されるようになっています。そのような本人を中心とした支援を展開するために、5ピクチャーズ[※2]の手法による課題の整理と分析が用いられるようになってきました。本事例も5ピクチャーズの分析シートに当てはめて考えてみましょう。

相談整理表（5ピクチャーズ）

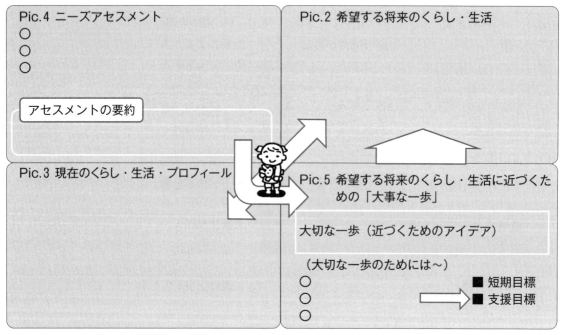

出典：「大阪府相談支援ハンドブック」を一部改変

③5ピクチャーズの分析を踏まえて、Aくんの個別支援計画を立ててみましょう。

ワークシート「支援計画の作成」

総合的な支援方針
①本人

②家族

具体的な課題・ニーズおよび支援計画

課題・ニーズ	支援目標	支援内容（内容・留意点等）	期間

※1：「リフレーミング」レッスン11、131頁参照。
※2：「5ピクチャーズ」ミスポジション論に基づく手法である。ミスポジション論とは、何らかの阻害要因のせいで、「将来なりたい自分」と「今の自分」とにギャップがある（ポジションがミス）という考え方である。5ピクチャーズは、本人中心から最後まで軸をぶらさずに計画案を作成する具体的なアセスメントツールとして紹介されている。
＊演習課題①〜③の解答例は、193-195頁に掲載。

レッスン **15**

スーパービジョン

このレッスンでは、スーパービジョンの概要について学びます。まず、スーパービジョンの必要性、スーパービジョンの理論について述べ、最後に事例をとおして、スーパービジョンの過程を解説します。これらをとおして、スーパービジョンの基本を理解します。

1. スーパービジョンの必要性

「保育所保育指針」第5章「職員の資質向上」において、保育士は常に保育の質の向上のために保育の専門性を高めることの必要性が明記されています。専門性を高めるための方法がの一つが、スーパービジョンです。そのため、クラスのリーダー保育士や主任保育士、所長には、保育士に対する相談・指導・調整役などのスーパーバイザーとしての役割が求められます。

2. スーパービジョンの理論

1 スーパービジョンとは

スーパービジョン[1]とは、スーパーバイザー（指導者）からスーパーバイジー（指導を受ける者）に行う専門職を養成する過程です。たとえば、新人保育士（スーパーバイジー）に対して、主任保育士（スーパーバイザー）が保育内容などに関して指導者としてスーパービジョンを行っています。このことは、直接的には新人保育士の成長を、間接的にはそのことをとおして、子どもへのより質の高い保育の提供を目指すことにつながります。

2 スーパービジョンの機能

スーパービジョンには、支持的機能、教育的機能、管理的機能、評価的機能の4つの働きがあります。まず、支持的機能とは、信頼関係を基盤にしたスーパービジョン関係をとおして、実践を行うスーパーバイジーを精神的に支える働きであり、スーパービジョンの過程における基

▶出典
†1 植田寿之「スーパービジョンとコンサルテーション」仲村優一・一番ヶ瀬康子・右田紀久惠監修『エンサイクロペディア社会福祉学』中央法規出版、2007年、650-652頁

礎となる働きです。

教育的機能とは、具体的な実践事例などをとおして、スーパーバイジーが理論と実践を結びつけられるようにするとともに、実践に必要な価値・倫理、知識や技術をスーパーバイジーに伝える働きです。

管理的機能とは、スーパーバイジーが所属する組織の理念や方針に沿った援助活動を展開し、組織の一員として適切な行動がとれるように管理する働きをいいます。これは単に組織への適応だけでなく、スーパーバイジーがその能力を発揮できる環境をつくり上げるための機能でもあります。

評価的機能とは、スーパーバイジーの実践や全体の業務の取り組みについて評価を行うものです。その際、スーパーバイザーはスーパーバイジーの戸惑い、不安、達成感、満足感などを大切にしつつ、今後の業務課題に関する検討を行います。

このようにスーパービジョンには、4つの機能がありますが、それぞれが独立しているのではなく、相互に関連し合うことでより効果的なスーパービジョンが行われるのです。

3 スーパービジョンの形態

①個人スーパービジョン

スーパービジョンの基本的な形で、スーパーバイザーとスーパーバイジーが1対1の面接方式で行うものです。個別のニーズや一人ひとりの保育士に応じたスーパービジョンを展開できるメリットがありますが、一方で多忙な保育現場において、個別のスーパービジョンの時間の確保という課題があります。

②グループスーパービジョン

一人のスーパーバイザーが複数のスーパーバイジーに対して、スーパービジョンを実施する形態です。現場ではスーパーバイザーを中心に、ケースカンファレンスや研修会といった形で行われることが多いです。グループのメンバーが相互に意見を交換することで学習効果が期待できます。一方で、一人ひとりのスーパーバイジーの保育に関連する個人的な課題については対応しにくい課題があります。

③ピア・スーパービジョン

スーパーバイジー同士が互いに仲間（ピア）として、同じ立場でスーパービジョンを実施するものです。より親しみやすい雰囲気でグループ討議をすすめることができる一方で、それぞれのメンバーがスーパービジョンについて理解していなければ単なるグループ学習になり、的確な

確認作業が行えない課題が残ります。

④ライブ・スーパービジョン

スーパーバイザーが録音テープやビデオテープをとおして、また実際にその場に同席し、援助の方法をスーパーバイジーに教えるものです。特に、実習生へのスーパービジョンは教育的機能を発揮するのに効果的です。

⑤ユニット・スーパービジョン

一人のスーパーバイジーに対して、複数のスーパーバイザーがスーパービジョンを実施します。スーパーバイザーグループが1人のスーパーバイジーの事例を検討しますが、その検討をスーパーバイジーにも行わせることによって、スーパーバイジーの成長を図ります。

⑥セルフ・スーパービジョン

スーパーバイジー自身が自分の行った業務や援助を振り返り、点検し、さらに次の計画を立てることです。

以上のように、さまざまな形態がありますが、岩崎は、「実際の現場やワーカーの経験や専門性の度合い、そしてスーパービジョン・システムのあり方などを踏まえ、複数の形態を適宜組み合わせて実施すること[†2]」が望ましいと述べています。

▶出典
†2　岩崎久志「スーパービジョン・エンパワーメントの重要性」西尾祐吾監修、安田誠人・立花直樹編『保育における相談援助・相談支援――いま保育者に求められるもの』晃洋書房、2011年、71頁

3. 保育におけるスーパービジョン：事例をとおして

事例をもとに、保育所でのスーパービジョンの過程をみていきます。ここでは、主にスーパーバイザーである主任保育士の視点でとらえていきます。

1　概要

〈登場人物〉

　A保育士：保育経験20年。M保育園の主任保育士（以下、A主任）。本事例のスーパーバイザー。

　B保育士：保育経験3年。ひまわり組（4歳児クラス）の担任保育士。本事例のスーパーバイジー。

　C保育士：保育経験1年。ひまわり組の担任保育士・**加配保育士**。本事例のスーパーバイジー。

　Dちゃん：今年度入所したばかりの女の子。中度知的障害の診断を受けており、発達年齢は2歳代である。

参照
加配保育士
→レッスン12

M保育園で勤務するB保育士とC保育士は、18名の子どもの担任をしています。そのなかに、今年度入所した知的障害の診断のあるDちゃんがおり、C保育士が加配保育士として担当しています。B保育士もC保育士も障害のある子どもを担当するのははじめてであり、4月当初から不安を感じていました。

2　導入～情報収集

> 　5月の中頃、B保育士とC保育士は、Dちゃんの対応に苦慮していることをA主任に相談しました。A主任は、Dちゃんの様子や対応について聞くとともに、2人の不安や焦りなどをじっくりと受け止めました。そのうえで、A主任は、ひまわり組の保育に重点的に関われるようにすることと、具体的に検討したいことを2人で話し合って「検討用紙」にまとめること、そして3日後に改めて話し合いをすることにしました。

　スーパービジョンの最初の段階は、「スーパービジョン機能」の項でふれた支持的機能を果たすことに重点を置きます。それは、スーパーバイザーであるA主任と、スーパーバイジーであるB保育士やC保育士との信頼関係を築くと同時に、保育実践上の課題に関する情報収集を行うためです。
　具体的には、下線のようにB保育士やC保育士の話を傾聴し不安や焦り、自信のなさに焦点を当てて、それらの感情を受容・共感しながら軽減を図り精神的に支えます。なぜなら、B保育士やC保育士の感情を適切に受け止めて対応することは、A主任と2人の保育士との信頼関係を築き上げ、彼女たちがみずからの課題を乗り越えるために不可欠であるからです[3]。この支持的機能は、スーパービジョンの基盤となり、ほかの機能を支えるものでもあり、スーパービジョン全体を通じて最も重要なものといえます。

▶出典
[3] 岩間伸之『対人援助のための相談面接技術――逐語で学ぶ21の技法』中央法規出版、2008年

3　本格的な情報収集と課題の明確化

> 　3日後、「検討用紙」（図表15-1）をもとに話し合いを行いました。2人がDちゃんの対応で悩んでいたのは、Dちゃんが

> 保育中に保育室を飛びだしたり、他児の遊びのじゃまをしたりすることでした。A主任は、「どのような状況でDちゃんが保育室から飛びだしたり、他児の遊びのじゃまをしたりするのか」をくわしく聞き、さらに「なぜ、そのような行動をとるのか」も話し合いました。その結果、以下のようなことが考えられました。
> ①保育室から飛びだすのは、自分が好きな活動を除く、クラス全員で活動するときである。Dちゃんは、みんなで行う活動の内容を理解しているのか、難しいのではないか。
> ②保育室から飛びだしたときにDちゃんを追いかけるのは、彼女にとって遊びになっているのではないか。
> ③他児の遊びのじゃまをするのは、ひとしきり遊んだあと、することがないときに多く起こっている。遊びを探しながらの行動ではないか、あるいは彼女なりの他児への関わりになっているのではないか。
> A主任は具体的対応の前提として、以下のことを踏まえるように伝えました。
> ①困った行動をするのには理由があり、そうせざるを得ない背景がある。そのため、「困ったことをするDちゃん」というとらえ方でなく、「困っているDちゃんをどう支えるか」というとらえ方で保育をする。
> ②困った行動のみを減らそうとすると悪循環に陥ることが多いので、同時にそれに代わる望ましい行動を増やす援助をする。

　この段階の目的は、情報を収集し、B保育士とC保育士が保育をするうえでの困難や課題を明確化することです。支持的機能に加えて、教育的機能および管理的機能が加わることになります。ここでA主任がスーパービジョンを行う際の留意点は、以下の7点です。
1) 保育を困難にしているものは何かを評価します。すなわち、a) 子どものとらえ方などの子どもに関する知識、b) 専門的価値に基づく子ども理解、c) 子ども理解に基づく関わり方、d) 保育の展開のしかた、e) 担任間の連携のあり方、f) 保育に取り組む際の自信、などです。
2) 「なぜわからないのか」「なぜできないのか」という態度ではなく、B保育士やC保育士の不安や困難、わからなさに寄り添い、共感しな

がら指導します。
3)「○○のときは××する」式のhow toのみを教える、A主任の経験のみを頼りに指導するのではなく、保育所保育士の専門性、「保育所保育指針」や保育所の理念を基盤に指導します。
4) 何もかもを教えてA主任に依存するような支援ではなく、B保育士やC保育士もみずから考えながら保育を向上させるような指導を行います。
5) B保育士やC保育士が保育を行ううえで、すでに適切な援助が行われていれば根拠を示しながら、それをしっかりと認めます。
6) 保育士の困り感の軽減ばかりに目をむけるのではなく、あくまでも子どものよりよい育ちや、保育の質の向上を最終目標とします。
7) 複数担任である場合、担任間での子どものとらえ方の違い、保育や対応のしかたの考え方の違いがあれば、それも調整しながら指導を行います。

また、スーパービジョンの際には、図表15-1のように何らかの様式を設けて事前に記録をしてもらったほうがよいでしょう。それは記録をすることで振り返りができること、話し合いにおいて情報の共有ができること、あとの評価に使用できること、今後のカンファレンスや外部の**コンサルテーション***の際に使用できるなどの利点があるためです。

[＊]用語解説
コンサルテーション
異なる専門性をもつ複数の専門職者が、特定の問題について検討し、よりよい援助のあり方について話し合う過程のことである。自らの専門性に基づき専門職を支援する者を「コンサルタント」、支援を受ける専門職を「コンサルティ」という。

4 目標の設定と実践

> 話し合いの結果、図表15-2のような短期的な目標を設定し、Dちゃんへの対応をすることにしました。

この段階では、前の段階を踏まえて、今後の対応のための目標を設定し、実践します。目標設定は、情報収集や課題の明確化の段階と同時に行ってもよいし、あとでB保育士やC保育士と目標設定したものをA主任が確認してもよいでしょう（なお、この事例では同時に行っています）。ただし、情報収集・課題の明確化の段階で、ある程度の方向性を示し共有する必要はあります。

ここでの目標は、2～3か月を目安にした短期的なものです。目標内容を考える目安は、図表15-1の(1)検討したいことや、(2)保育上の困難です。そして、目標は「友だちを叩かない」など「〜しない」という設定をせず、「子どもが〜する」という肯定的で具体的なものを設

図表15-1 検討用紙

記録日	20○○年5月□日	記録者	ひまわり組B、C
検討したい子ども		Dちゃん	

(1) 検討したいこと（(2)～(5)を踏まえ考える）
①困った行動（保育室から飛びだす、他児の遊びのじゃまをするなど）への対応 ②友だちと適切に関わったり、一緒に遊んだりするための対応
(2) 保育上の困難
①保育が始まると、保育室からでていき、階段を上る、園庭に行こうとする。そのつど、保育士が追いかけるが、うれしそうに走り回る。 ②保育室では、人形・パズル・ブロックなどで一人で遊んでいる。ひととおり遊び終えると、他児が何かをつくっているブロックを壊すなど、他児にちょっかいをだす。他児が「やめて」などというと、かむ、叩くなど攻撃する。保育士が間に入り仲裁すると、「もうしない」というが、すぐに他児にちょっかいをだす。
(3) 他児との関係
①クラス全員で話を聞いているときに急に立って歌ったり、踊ったりして他児が笑っているのをみて、うれしそうに笑っている。 ②他児にちょっかいをだす以外に、自分から一緒に遊ぶなどの関わりはみられない。 ③Dちゃんを遊びに誘う子どもが数名（Mちゃん、Nちゃん）いるが、Dちゃんは最初だけその場にいてすぐに一人遊びをする。
(4) 子どものよくする遊び、興味・関心、得意なこと
①ふれあい遊び、保育士とのスキンシップが好きで保育士に求めてくる。 ②リズム遊びや歌のときに、自分の知っている動物や得意なことは自分から前にでて踊ったり、歌ったりする。 ③体を使う遊びが好きで、はじめてのことでも「やりたい」と参加する。
(5) クラスですでに実施している工夫や配慮
①保育（全体での活動）に参加していない場合でも、保育室内にいるときは見守り、タイミングを見計らって声をかけ、活動に誘っている。自分で活動に戻ったときは大いに認めるようにしている。 ②園庭ではDちゃんの好きな体を使った遊びを一緒にしている。

図表15-2 短期的な目標

目標	①午前中のクラス活動をするときには、保育室で落ち着いて活動する。 ②友だちと関わるときには、「よして」など適切な方法で関わる。
支援の手立て	①保育室を飛びだしたときは、A主任、C保育士を中心に対応する。Dちゃんが、「遊び」ととらえないように、追いかけるのではなく安全に配慮しながらつかず離れずの距離で関わる。また、他クラスの保育士とも連携し安全を確保できるようにする。 ②保育室に戻ってきたら、「おかえり、待っていたよ」などDちゃんが戻ってきたことを認める言葉かけをする。 ③これまでと同様に、全体での活動に参加していない場合でも、保育室内にいるときは見守り、タイミングを見計らって声をかけ、活動に誘う。自分で活動に戻ったときは大いに認める。 ④Dちゃんの好きなリズム遊びや歌のときは、彼女が主役になれるような場面を設定する。 ⑤Dちゃんが部屋から飛びだしそうな活動の際には、彼女に理解できるような説明をする。 ⑥他児とトラブルになりそうなときには、事前に止めて関わり方（「よして」というなど）を伝える。また、他児にはDちゃんの一緒に遊びたい気持ちを代弁し、わざとちょっかいをだしているのではないことを伝える。 ⑦Dちゃんが好きな玩具を置いたり、集中して遊べたりする環境を構成する。 ⑧小集団（4、5人のグループ）での活動も取り入れながら、保育士が仲立ちするようにする。

定します。これも各保育所で様式を設定すればいいのですが、目標を設定する際には、前述したスーパービジョンの留意点も踏まえて行います。

たとえば、図表15-1の（1）と（2）では、Dちゃんの困った行動である「保育室から飛びだす」ことに担任が悩んでいます。それに対応するための目標として「Dちゃんが保育室から飛びださないようにする」ではなく、図表15-2のように「①午前中のクラス活動をするときには、保育室で落ち着いて活動する」という肯定的な目標を設定します。

そして、目標に対する保育士の援助・配慮を明記します（図表15-2の支援の手立て）。必要に応じて環境構成の欄を設けてもよいでしょう。その際に、すでに適切に対応できていることについては、A主任が担任2人を認めて取り入れる必要があります。そうすることで、B保育士とC保育士が保育を行ううえでの自信や主体性が育ちます。また、子どもの肯定的な部分（図表15-2）をしっかりと生かすことで、子どもを肯定的にとらえる姿勢が養われます。

また、障害のある子どもの保育に際しては、個別の支援計画が立案されている場合が多いので、それと矛盾しないようにしなければなりません。あるいは必要に応じて支援計画を見直す必要もあるでしょう。

以上を踏まえて設定した目標を実行しますが、この事例のように必要に応じて他クラスの協力を要請する場合は、A主任が担任間の調整を行う必要があります。これはスーパービジョンの管理的機能にあたります。

5　評価と見直し

　2か月後の7月中旬に、図表15-3をもとに、短期的な目標の評価と今後の課題について話し合いました。おおむね目標は達成できており、A主任はそれをねぎらうとともに、何がDちゃんの行動に変化をもたらしたのかを検討しました。その結果、支援の手立てを徹底したのはもちろんですが、B保育士もC保育士もDちゃんに対する見方が変化したことや彼女の理解度に合わせた援助などをあげていました。

設定した目標は2～3か月のものですが、およそ2～3週間を目安に簡単でよいので一度振り返りを行うとよいでしょう。また、必要に応じてB保育士とC保育士に声をかけながら保育に参加したり、保育の様子を観察したり、指導を行うことも求められます。

図表15-3 短期的な目標の評価と課題

変化	①午前中のクラス活動をするときには、保育室で落ち着いて活動する。 　⇒・保育室からでていくことはほとんどなくなり、安心して、また、集中して遊ぶ時間が5月に比べると多くなった。 ②友だちと関わるときには、「よして」など適切な方法で関わる。 　⇒・グループでの活動をとおして、他児がDちゃんに声をかけることが増えた。 　　・気の合う友だちをみつけ一緒に遊べるようになった。その際、自分から「入れて」といって遊びに入れるようになった。
支援の反省と課題	〈よい結果につながったと考えられる要因〉 ・以下の点を意識して、短期的な目標の「支援の手立て」を徹底した。 ①Dちゃんがどのように行動すればよいのかがわかるような言葉かけをしたり、環境を構成したりを徹底した。 ②Dちゃんにとって、保育所や自分のクラスが安心できる場所、担任が安心できる人になるように意識し、彼女に関わった。 ③Dちゃんの行動を否定的にとらえるのではなく、肯定的にとらえながら関わるようにした。たとえば、他児の遊びのじゃまをするのは、他児と関わりたい（だけどその適切な方法を知らない）だけでわざとではない。だから適切な方法を伝えるようにした。 〈反省や今後の課題〉 ①意識してわかりやすい言葉かけをしているが、禁止する言葉かけ（「～しません」「～はダメ」など）のみで終わる場合もあった。 ②ほかの子どもたちに我慢させていることが多いと思う。 ③Dちゃんと他児との関わりが増えてきたが、自分の思い通りにならないことや他児に注意されるとひっかいたり、叩いたりすることが増えてきたので、今後の課題である。

　さて、2～3か月経過した時点で短期的な目標の再検討、支援の手立ての評価を行います。その際に単に「Dちゃんが変化した」「Dちゃんが変化しなかった」だけの評価では不十分です。まず変化の有無の理由や、根拠を明確にする必要があります。同時に子どもの変化の有無と関連づけて保育士の変化、すなわち保育士の援助のしかたや環境構成についても評価しなければなりません。この点は、実践と理論を結びつけるうえで、スーパービジョンの教育的機能の重要な点です。

　保育を見直したうえで、課題があればそれをあげてもらい、定期的にスーパービジョンを実施する体制を整える必要があります。

　このようにスーパービジョンとは、専門的な視点、系統的な過程を有した方法です。スーパービジョンの機能とスーパービジョンの形態（第2節「スーパービジョンの理論」参照）も考慮しながら、各保育所に適切なスーパービジョンの体制を構築することが求められます。

演習課題

①スーパービジョンとコンサルテーションの違いについて調べましょう。
②現在、保育をするうえで悩んでいることを具体的に書き出し、先輩や

上司にどのように相談するか考えてみましょう（学生であれば実習をするうえで悩んでいることを具体的に書き出し、指導者にどのように相談するか考えてみましょう）。

参考文献……………………………………………………………………………………

レッスン11
 日本保育ソーシャルワーク学会編　『保育ソーシャルワーカーのお仕事ガイドブック』　風鳴舎　2017年
 山縣文治・柏女霊峰編集委員代表　『社会福祉用語辞典［第9版］』　ミネルヴァ書房　2013年

レッスン12
 杉村省吾編著　『発達障害　親子支援ハンドブック』　昭和堂　2013年
 「"気になる子"の発達と保育」『発達』　No.149　ミネルヴァ書房　2017年　64-67頁

レッスン13
 倉石哲也　『保育現場の子どもの虐待対応マニュアル――予防から発見・通告・支援のシステムづくり』　中央法規出版　2018年
 橋本好市・直島正樹編著　『保育実践に求められるソーシャルワーク』　ミネルヴァ書房　2012年

レッスン14
 小口将典編著　『臨床ソーシャルワーク――いのちに寄り添う高度専門職へのみちすじ』　大学図書出版　2015年
 小原敏郎・橋本好市・三浦主博編　『演習・保育と保護者への支援――保育相談支援』　みらい　2016年
 前田泰弘編著　『実践に生かす障害児保育』　萌文書林　2016年

レッスン15
 植田寿之　『日常場面で実践する対人援助スーパービジョン』　創元社　2015年
 植田寿之　『物語で学ぶ対人援助職場の人間関係――自己覚知から成長へ』　創元社　2012年
 山辺朗子　『ジェネラリスト・ソーシャルワークにもとづく社会福祉のスーパービジョン――その理論と実践』　ミネルヴァ書房　2015年

おすすめの1冊

植田寿之　『物語で学ぶ対人援助職場の人間関係――自己覚知から成長へ』　創元社　2012年

 本書は「聴くこと」「自己覚知」を基盤に、対人援助分野の職員同士の良好な人間関係の構築と、一人ひとりの職員や職員集団の成長のための方法を提示している。架空の特別養護老人ホームを舞台にした物語形式で学ぶことができる。

コラム

保護者が保育者に相談するための条件

　保育所を利用する保護者は、どのような条件であれば自らの悩みを保育者に相談するのでしょうか。筆者が行った保護者へのインタビューの結果、「基盤条件」「誘因条件」「実践条件」という3つの条件が明らかになりました。

　「基盤条件」は、保護者が保育者に悩みを相談するための直接的な条件ではありません。しかし、この条件は保護者に対して保育者や保育所に対する安心感と信頼感を与えることから、相談の基盤といえます。具体的には、①日々の保護者への関わり（保育者のこまめな声かけや保育所の状況の説明など）、②保護者に信頼される保育所運営（質の高い保育、子どもがケガをした際に説明責任を果たすなど）、③保護者が保育所は身近な頼れる場所で他者とつながれる場所だと認識する、などがあげられます。

　「誘因条件」は、保護者が悩みを抱えるときに相談を決断させる直接的な条件です。具体的には、①保育者の行動特性（保育者の笑顔、話しかけやすい雰囲気など）、②保育者が保護者の表情や相談したい気配を察知して対応すること、③相談場所であることの周知があげられました。

　「実践条件」は、実際の相談に関わる条件です。これは、①対人援助技術の活用（受容、共感、保護者の背景を理解することなど）、②相談内容に応じた具体的な対応があげられました。

　「基盤条件」が整うと、保育者や保育所等に対する安心感・信頼感を深め、保護者の「何かあれば相談しようかな」という感覚が育まれます。そして、保護者が悩みを抱える際に、「誘因条件」によって保護者は相談しやすい雰囲気を感じ取り、相談することを後押しされます。実際に相談が始まれば、「実践条件」によって保護者は保育者に心を開き、さまざまなことを話し、保育者が相談内容に応じた具体的対応をすることで、保護者の悩みが軽減されます。この結果、保護者は保育者の対応に満足し、さらに保育者や保育所への信頼が高まり、これらを基盤に再び相談しようと考えたり、子育て以外の悩みを相談したりするようになるのです。

レッスン14　演習課題①（179頁）の解答例

リフレーミング

No	前の表現	リフレーミング後	No	前の表現	リフレーミング後
例	5歳	早期の療育が可能	4	言葉によるコミュニケーションが苦手	絵や写真などを通して理解できる
例	中度の知的障害	経験を積み重ねればできることが増える可能性がある	5	家ではおむつを使用している	施設では、トイレができるようになってきている
1	自閉症であり、強いこだわり行動がある	何かを集中して行うことができる可能性がある	6	施設内のレクリエーションに不参加	嫌なことを行動で表現できる
2	母親の言うことを聞かない	ほかの伝え方を工夫すれば方法があるかもしれない	7	水遊びが好き	夢中になれる遊びがある
3	頑固な性格	自分の意思を通すことのできる性格である	8	父親は仕事が忙しい	収入がある

第3章 保育ソーシャルワークの実際

レッスン14　演習課題②（180頁）の解答例

相談整理表（5ピクチャーズ）　　　　　　　　　　　　　　　　　　　　　名前　Aくん（男）　5（歳）

Pic.4 ニーズアセスメント
- Aくんについて考えるのが、母親一人のことが多いので、忙しい父親以外の人とAくんの今後について話がしたいから。
- Aくんの成長段階において、家ではあまり母親の言うことを聞いていないから、これからのAくんについてどうするべきか迷っているから。
- 忙しい両親とAくんの関わる機会をさらに増やしていくために、Aくんのこだわり行動や自閉症のことについて理解していく。

アセスメントの要約
- Aくんについて、成長段階のなかでできることが増えていくことは重要だが、Aくんの母親が疲れている様子があるので、母親の生活リズムの調整とAくんのもつ自閉症についての理解を深めてもらう。

Pic.2 希望する将来のくらし・生活
【家族】
- Aくんとの関わりが母親だけなので、忙しいなかでも父親にも、Aくんと関わる時間をつくってほしい。
- Aくんのこだわり行動を見ていると、Aくんが将来生活をしていくことができるのか不安があるので、自分でできることが増えたらいいと考えている。
- いつか日常生活にゆとりができるような状態になりたいと考えている。

近づくためのアイデア帳
- 仕事で忙しい両親に、少しでもゆとりができるように調整していく。
- Aくんのもつ自閉症について、両親に改めて理解してもらう。

Pic.3 現在のくらし・生活・プロフィール
- Aくん（5歳男児）は、中度の知的障害があり、児童発達支援センターのS園に通い始めて3か月になる。
- 家族構成は、両親と兄、Aくんの4人家族。
- 以前は、近所の保育所に通っていたが、3歳6か月のときに保育士からのすすめで専門機関を受診した結果、自閉症スペクトラム障害と診断を受けた。
- Aくんは、肥満気味で体重はすでに30kgを超えている。
- 言葉によるコミュニケーションが苦手であり、相手の言葉の理解も少し困難なようである。

Pic.5 希望する将来のくらし・生活に近づくための「大事な一歩」
（インパクトゴール：達成されると効果絶大な当面の目標）
- インパクトゴール：家族とAくんの生活のリズムを整えるのと同時に、Aくんの日常の行動のなかでのAくんだけのストレングスを見つける。

そのために…
ゆとりがもてるように両親の仕事を調整し、Aくんのもつ自閉症の理解を深めていく。さらに、Aくんの現状を理解し一緒に頑張る力をつけていく。

Pic.1 本人の強い部分・周りからの支援の強み・その他環境面での強み

（本人）
- 一人でできなかったトイレができるようになった。
- 水をこわがらない。
- 最近、スプーンやフォークを使って食べられるようになってきた。
- 給食をこぼさずに頑張っている（食べている）。
- こだわりが強く、かたい意思をもっている。

（支援ネットワーク）
- Aくんの母親は、仕事で忙しいなか、Aくんのために必死に頑張っている。
- 支援センターの職員が、Aくんの母親の様子を見て声かけをしたり、Aくんが「一人でトイレができるようになる」といった支援を懸命にしている。

（環境）
- 児童発達支援センターのS園に通い支援を受けている。
- Aくんが住む地域から、地域の小学校か支援学校に通うかを選べる所に住んでいる。

レッスン14　演習課題③（181頁）の解答例

ワークシート「支援計画の作成」

総合的な支援方針

①本人：Aくん（5歳）

- 一人でトイレができるようになり、食事面ではスプーンやフォークを使って食べられるようになったことから、ほかにも自分でもできることを増やしていく（自宅でも一人でトイレができるようになるなど）。
- コミュニケーションが苦手（言葉）という面から、発達の段階（過程）のなかで、発音（言葉）の練習や意思の伝え方を支援していく。

②家族

- 家族との連携を重視しながら、これからも継続的にAくんのADLや就学について支援していく。
- Aくんのもつ自閉症についての理解を深めてもらうために、支援プログラムに参加するように家族に対して促していく。
- 市で開催されている、同じ自閉症の子どもがいる親子交流会に参加して、親との交流の場を提案してみる。

具体的な課題・ニーズおよび支援計画

課題・ニーズ	支援目標	支援内容（内容・留意点等）	期間
食事ではしを使ったことがないので、はしで食べられるようになりたい。	食事ではしを使い、こぼさず食べることができるようになる。	はしのもち方を間違う可能性があるので、注意をしながら声かけをし、教えていく。最近、スプーンやフォークで食べられるようになりつつあるので、はしばかりにならないようにする。	6か月
家ではトイレでの排泄がまだできないので、できるようになりたい。	自宅でのトイレの回数を増やして、おむつなしでできるようになる。	自宅ではおむつが多かったので、朝起きたときや食事の前後に排泄をうながしていく。また、Aくんがコミュニケーションが苦手なため、トイレの絵カードを作成する。	6か月
水へのこだわりが強いために、水で遊んでしまうことが多い。	水で遊ぶこと以外に関心がもてる機会・場面を増やしていく。	水に関わる機会を減らしすぎずに室内や外で遊ぶ機会を増やし、水以外にも興味がもてるように機会を設けていく。	6か月
就学に向けての準備についての支援や、自閉症への理解を深めていく必要がある。	Aくんが安心できる就学先を決めることと、自閉症についての学びの機会を設ける。	Aくんの両親との話し合いを重ねながら、Aくんに合う就学先を探していく。市の開催する自閉症などの子どもをもつ親同士の交流会や勉強会への参加を促し、理解を深めていく。	1年

さくいん

●かな

あ
- 愛着形成・・・・・・・・・・・・・・・・・6
- 愛着障害・・・・・・・・・・・・・・・・・12
- アウトリーチ・・・・・・・・・・・・53, 60
- アセスメント（事前評価）
  ・・・・・・・・・・・・・・53, 128, 134
- アセスメントシート・・・・・・・134, 148
- アンビバレント・・・・・・・・・・・・・108

い
- 1歳6か月児健診・・・・・・・・・・3, 142
- 医療ソーシャルワーカー・・・・・・157
- インシデント場面・・・・・・・・・・・153
- インターベンション（支援の実施）
  ・・・・・・・・・・・・・・54, 131, 136
- インテーク（受理面接）53, 127, 133
- インフォームド・コンセント・・・・・54

え
- エコマップ・・・・・・・・・・・・128, 160
- エバリュエーション・・・・・・・・・・132
- エビデンス・・・・・・・・・・・・・・・・・77
- 園庭開放・・・・・・・・・・・・・・・・・・61
- エンパワメント・・・・・・・・8, 24, 102

お
- オウム返し・・・・・・・・・・・・・・・・145
- 大阪市二児餓死事件・・・・・・・・・・8
- 岡村重夫・・・・・・・・・・・・・・・・・・35
- 親子関係の再構築・・・・・・・・・・158

か
- 核家族・・・・・・・・・・・・・・・・・・・・4
- 価値・・・・・・・・・・・・・・・・・・・・・27
- 家庭支援専門相談員・・・・・・・・・157
- 家庭支援保育士・・・・・・・・・・・・・62
- 家庭児童相談室・・・・・・・・・・・・150
- 可能性尊重の原理・・・・・・・・・・・22
- 加配保育士・・・・・・・・・・・・・・・144
- 関係機関への通告・・・・・・・・・・150
- 観察・記録・・・・・・・・・・・・・・・109
- 間接援助・・・・・・・・・・・・・・・・・131

き
- 虐待のリスク評価・・・・・・・・・・・・18
- 虐待防止チェックリスト・・・・・・・148

く
- クライエント・・・・・・・・・35, 50, 127
- グループ・・・・・・・・・・・・・・・・・102
- ──の研究・・・・・・・・・・・・・100
- グループ計画・・・・・・・・・・・・・・107
- グループスーパービジョン・・・・・183
- グループホーム・・・・・・・・・・13, 14
- グループワークの利点・・・・・・・104
- グレーゾーン・・・・・・・・・・・・11, 17

け
- ケアマネジメント・・・・・・・・・・・・62
- ケース・・・・・・・・・・・・・・・・・・127
- ──の発見・・・・・・53, 127, 133
- ケース会議・・・・・・・・・・・・・・・144
- ケースカンファレンス・・・・・・・・157
- ケースワーク・・・・・・・・・・・・・・・50
- 言語コミュニケーション・・・・・・・91
- 現実性の原理・・・・・・・・・・・・・・35
- 検討記録・・・・・・・・・・・・・・・・・188

こ
- 高度経済成長期・・・・・・・・・・・・・・4
- コーディネート・・・・・・・・・・・・・・61
- 個人スーパービジョン・・・・・・・・183
- 個人とグループの調和・・・・・・・107
- 子育て援助活動支援事業・・・・・・85
- 子育て支援コーディネーター・・・62
- 子育て世代包括支援センター
  ・・・・・・・・・・・・・・・・・64, 83
- 子育て文化の醸成・・・・・・・・・・・24
- 子ども・子育て支援新制度
  ・・・・・・・・・・・・・・・・・・10, 63
- こども食堂・・・・・・・・・・・・・・・・・10
- 子どもの最善の利益・・・・・・28, 75
- 子どもの貧困・・・・・・・・・・・・・・・38
- 子どもの貧困問題・・・・・・・・・・・57
- コノプカ, G.・・・・・・・・・・・・・・・105
- 個別支援計画・・・・・・・・・・・・・・173
- コミュニケーション・・・・・・・91, 109
- コミュニティケア・・・・・・・・・・・・62
- コミュニティワーク・・・・72, 113, 114
- コンサルテーション・・・・・・・・・187

さ
- 済世顧問制度・・・・・・・・・・・・・・10
- 里親・・・・・・・・・・・・・・・・・・・・・13
- 参加と連帯の原理・・・・・・・・・・・21

し
- ジェノグラム・・・・・・・・・・・・・・129
- 事業所・・・・・・・・・・・・・・・・・・172
- 市区町村子ども家庭総合支援拠点
  ・・・・・・・・・・・・・・・・・・・・82
- 自己決定を尊重・・・・・・・・・・・・145
- 自己実現の欲求・・・・・・・・・・・・・21
- 市町村子ども・子育て支援事業
  計画・・・・・・・・・・・・・・・・・114
- 市町村保健センター・・・・・・・・・85
- 児童委員・・・・・・・・・・・・・・10, 81
- 児童相談所・・・・・・・・・・・・・・・・79
- ──への通告・・・・・・・・・・・155
- 児童の権利に関する条約・・・・・75
- 児童発達支援センター・・・・80, 166
- 児童養護施設・・・・・・・・・・13, 153
- 自閉症スペクトラム障害・・・・17, 146
- 社会資源・・・・・9, 58, 112, 115, 116
- 社会性の原理・・・・・・・・・・・・・・35
- 社会福祉援助の原理・・・・・・・・・35
- 社会福祉協議会・・・・・・・・・・・・119
- 社会福祉施設・・・・・・・・・・・・・・59
- 集団感情・・・・・・・・・・・・・・・・・102
- 主訴・・・・・・・・・・・・・・・・・・・・・95
- 主体性尊重の原理・・・・・・・・・・・21
- 主体性の原理・・・・・・・・・・・・・・35
- 受容・・・・・・・・・・・・・・・・・74, 89
- 小舎夫婦制・・・・・・・・・・・・・・・156
- 情緒の安定・・・・・・・・・・・・・・・148
- 自立支援計画票・・・・・・・・・・・・161
- 心理的社会的支援・・・・・・・・・・・89

す
- スーパーバイザー・・・・・・・・・・・182
- スーパーバイジー・・・・・・・・・・・182
- スーパービジョン・・・・・・・146, 182
- スクールソーシャルワーカー・・・138
- ストレングス・・・・・・・・・・・・38, 88
- スモール・ステップ・・・・・・・・・・・97

せ
- 生活全体性の原理・・・・・・・・・・・22
- 生活場面面接・・・・・・・・・・・・・・87

せ
制度や政策の発展・・・・・・・・・・・ 24
セツルメント運動・・・・・・・・ 18, 100
セルフ・スーパービジョン・・・・・ 184
全国児童養護施設協議会倫理
　綱領・・・・・・・・・・・・・・・・・・・ 28
全国保育士会倫理綱領・・・・ 27, 28
全体性の原理・・・・・・・・・・・・・ 35
全体性の視点・・・・・・・・・・・ 136
全米乳幼児教育協会・・・・・・・・ 27
専門機関・・・・・・・・・・・・・・・ 150
専門職倫理・・・・・・・・・・・・・・ 26

そ
相対的貧困・・・・・・・・・・・・・・ 38
ソーシャルワーク・・・・・・・・・・・ 8
　――の定義・・・・・・・・・・・・・ 8
措置変更・・・・・・・・・・・・・・・ 153

た
ターミネーション（支援の終結）
　・・・・・・・・・・・・・ 54, 132, 137
大家族制・・・・・・・・・・・・・・・・ 6
大舎制・・・・・・・・・・・・・・・・・ 13
代弁・・・・・・・・・・・・・・・・・・ 24
タイムタイマー・・・・・・・・・・・ 173

ち
地域アセスメント・・・・・・・・・・ 72
地域型保育事業・・・・・・・・・・ 13
地域子育て支援拠点事業
　・・・・・・・・・ 10, 16, 19, 61, 81
地域子ども・子育て支援事業
　・・・・・・・・・・・・・・・・ 64, 76
地域生活尊重の原理・・・・・・・ 23
地域担当保育士・・・・・・・・・・ 62
地域のキーパーソン・・・・・・・・ 23
地域福祉計画・・・・・・・・・・・ 114
地方版子ども・子育て会議・・・ 114
直接援助・・・・・・・・・・・・・・・ 131
沈黙・・・・・・・・・・・・・・・・・・ 95

つ
強さ　→ストレングス

て
展開過程・・・・・・・・・・・・・・・ 126

と
特別な支援を必要とする子ども
　・・・・・・・・・・・・・・・・・・・ 57
閉ざされた質問・・・・・・・・・・・ 92
ドメスティック・バイオレンス・・・ 12, 37

な
慣らし保育・・・・・・・・・・・・・ 147

に
乳児院・・・・・・・・・・・・・・ 13, 159
乳児院倫理綱領・・・・・・・・・・ 28
乳幼児揺さぶられ症候群・・・・ 159
人間性尊重の原理・・・・・・・・・ 20

ね
ネウボラ・・・・・・・・・・・・・・・・ 67
ネットワーク・・・・・・・・・・・ 20, 60
ネットワーク構築・・・・・・・・・ 115

は
パールマン, H. H.・・・・・・・・・ 50
バイステック, F. P.・・・・・・・・・ 51
バイステックの7原則・・・・・ 51, 90
波長合わせ・・・・・・・・・・・・・ 107
発達指数・・・・・・・・・・・・・・ 172
発達相談機関・・・・・・・・・・・ 144

ひ
ピア・スーパービジョン・・・・・・ 183
非言語コミュニケーション・・・・・ 91
非婚・・・・・・・・・・・・・・・・・・・ 4
ひとり親世帯・・・・・・・・・・・・・ 4
開かれた質問・・・・・・・・・・・・ 92

ふ
5ピクチャーズ・・・・・・・・・・・ 180
ファミリー・サポート・センター
　・・・・・・・・・・・・・・・・・ 9, 70
ファミリー・サポート・センター事業
　→子育て援助活動支援事業
ファミリーソーシャルワーカー
　→家庭支援専門相談員
福祉事務所・・・・・・・・・・・・・ 77
婦人相談・・・・・・・・・・・・・・・ 16
二葉幼稚園・・・・・・・・・・・・・ 18
プライバシーの保護・・・・・・・・ 29
プランニング（支援計画の作成）
　・・・・・・・・・・・・・・・ 130, 135

ほ
保育コンシェルジュ・・・・・・・・・ 62
保育所における子育て支援・・・ 73
保育所利用の勧奨・・・・・・・・・ 17
保育相談支援の技術・・・・・・・ 12
保育ソーシャルワークの機能・・・ 23
保育ソーシャルワークの対象・・・ 15
保育ソーシャルワークの目的・・・・ 15
保育ソーシャルワークをすすめる
　専門職・・・・・・・・・・・・・・・ 48
母子保健型・子育て世代包括支援
　センター・・・・・・・・・・・・・・ 66
ボランティア学習・・・・・・・・・ 118

ま
マクロ・・・・・・・・・・・・・・・・・ 24
マッピング技法・・・・・・・・・・ 128

み
ミクロ・・・・・・・・・・・・・・ 23, 48
民生委員・・・・・・・・・・・・ 10, 81

め
メゾ・・・・・・・・・・・・・・・・・・ 24

も
モニタリング（事後評価）
　・・・・・・・・・・・・・・・ 54, 132
モニタリング（見守り）・・・・・・ 136

ゆ
結・・・・・・・・・・・・・・・・・・・・ 7
ユニットケア・・・・・・・・・・・・・ 13
ユニット・スーパービジョン・・・・ 184

よ
要保護児童対策地域協議会
　・・・・・・・・・・・・・・・ 78, 116

ら
ライブ・スーパービジョン・・・・・ 184
ラポール・・・・・・・ 51, 89, 128, 143

り
リーダーシップ・・・・・・・・・・・ 109
リフレーミング・・・・・・・・ 131, 179
療育手帳・・・・・・・・・・・・・・ 167
利用者支援事業・・・・・・・ 64, 84
倫理的ジレンマ・・・・・・・・・・・ 32

れ
レヴィン, K.・・・・・・・・・・・・・ 109

わ

ワーカー･･････････････ 105
ワークライフコンフリクト ･･･････ 38
ワンオペ育児･･････････････ 37

●欧文

C
COS ･･････････････ 18

D
DQ　→発達指数
DV　→ドメスティック・バイオレンス

P
PDCAサイクル ･･･････････ 31, 72

Y
YMCA ･･････････････ 18, 100

監修者

倉石哲也（くらいし てつや）　武庫川女子大学 教授

伊藤嘉余子（いとう かよこ）　大阪府立大学 教授

執筆者紹介（執筆順、＊は編著者）

倉石哲也＊（くらいし てつや）
担当：はじめに、第1章レッスン2、第2章レッスン9、第3章レッスン12第1節・レッスン13第1節
武庫川女子大学 教授
主著：『保育現場の子ども虐待対応マニュアル――予防から発見・通告・支援のシステムづくり』
　　　中央法規出版　2018年
　　　『家族ソーシャルワーク』　ミネルヴァ書房　2004年

鎮　朋子（しずめ ともこ）
担当：第1章レッスン1
梅花女子大学 准教授
主著：『インクルーシブ保育論』（共著）　ミネルヴァ書房　2017年
　　　『保育実践にいかす障がい児の理解と支援［改訂版］』（共著）　嵯峨野書院　2014年

鶴　宏史＊（つる ひろふみ）
担当：第1章レッスン3、第3章レッスン15・コラム
武庫川女子大学 准教授
主著：『障害児保育』（編著）　晃洋書房　2018年
　　　『社会福祉』（共著）　ミネルヴァ書房　2018年

丸目満弓（まるめ まゆみ）
担当：第1章レッスン4・コラム、第3章レッスン11
大阪城南女子短期大学 講師
主著：『［改訂版］保育ソーシャルワークの世界――理論と実践』（共著）　晃洋書房　2018年
　　　『ソーシャル・キャピタルを活かした社会的孤立への支援』（共著）　ミネルヴァ書房　2017年

吉田祐一郎（よしだ ゆういちろう）
担当：第2章レッスン5・レッスン10
四天王寺大学 講師
主著：『児童家庭福祉論［第2版］』（共著）　ミネルヴァ書房　2017年
　　　『保育の質を高める相談援助・相談支援』（共著）　晃洋書房　2015年

橋詰啓子（はしづめ けいこ）
担当：第2章レッスン6、第3章レッスン12第2節・第3節
武庫川女子大学 助手
主著：『子どもの育ちを支える子育て支援――地域における子育て支援に関する調査研究報告書』（共著）　日本保育協会　2014年
　　　『社会福祉援助技術』（共著）　ミネルヴァ書房　2008年

田邉哲雄（たなべ てつお）
担当：第2章レッスン7・コラム

湊川短期大学 准教授
主著：『保育実践に求められるソーシャルワーク――子どもと保護者のための相談援助・保育相談支援』（共著）
　　　ミネルヴァ書房　2012年
　　　『社会福祉分析論――理論と制度を基盤として［第3版］』（共著）　学文社　2011年

小口将典（おぐち まさのり）
担当：第2章レッスン8、第3章レッスン14第1節・第2節

関西福祉科学大学 准教授
主著：『子どもの豊かな育ちを支えるソーシャル・キャピタル――新時代の関係構築に向けた展望』（共著）　ミネルヴァ書房　2018年
　　　『保育ソーシャルワーカーのおしごとガイドブック』（編著）　風鳴舎　2017年

杉山宗尚（すぎやま むねまさ）
担当：第3章レッスン13第2節

頌栄短期大学 准教授
主著：『図解で学ぶ保育　社会的養護Ⅰ』（共編著）　萌文書林　2018年
　　　『本当に知りたいことがわかる！　保育所・施設実習ハンドブック』（共著）　ミネルヴァ書房　2016年

川本真美（かわもと まみ）
担当：第3章レッスン13第3節

真生乳児院 家庭支援専門相談員
主著：『社会福祉援助技術』（共著）　ミネルヴァ書房　2008年

水流添　綾（つるぞえ あや）
担当：第3章レッスン14第3節

一般社団法人こもれび 代表理事
主著：『福祉施設・学校現場が拓く児童家庭ソーシャルワーク――子どもとその家族を支援するすべての人に』（共著）　北大路書房　2017年
　　　『スクールソーシャルワーカー実務テキスト』（共著）　学事出版　2016年

編集協力：株式会社桂樹社グループ
装画：後藤美月
本文イラスト：宮下やす子
本文デザイン：中田聡美

		MINERVA はじめて学ぶ子どもの福祉⑪ 保育ソーシャルワーク
2019年1月20日　初版第1刷発行		〈検印省略〉
		定価はカバーに 表示しています

監修者	倉石 哲也 伊藤 嘉余子
編著者	倉石 哲也 鶴 宏史
発行者	杉田 啓三
印刷者	坂本 喜杏

発行所　株式会社　ミネルヴァ書房
607-8494　京都市山科区日ノ岡堤谷町1
電話代表（075）581-5191
振替口座　01020-0-8076

Ⓒ倉石・鶴ほか, 2019　　冨山房インターナショナル

ISBN978-4-623-07960-5
Printed in Japan

倉石哲也/伊藤嘉余子 監修
MINERVAはじめて学ぶ子どもの福祉
全12巻／B５判／美装カバー

① 子ども家庭福祉　　　　　　伊藤嘉余子/澁谷昌史 編著　本体2200円

② 社会福祉　　　　　　　　　倉石哲也/小崎恭弘 編著　本体2200円

③ 相談援助　　　　　　　　　倉石哲也/大竹 智 編著　本体2200円

④ 子ども家庭支援　　　　　　倉石哲也/大竹 智 編著

⑤ 社会的養護　　　　　　　　伊藤嘉余子/福田公教 編著　本体2200円

⑥ 社会的養護内容　　　　　　伊藤嘉余子/小池由佳 編著　本体2200円

⑦ 保育の心理学　　　　　　　伊藤 篤 編著　本体2200円

⑧ 子どもの保健　　　　　　　鎌田佳奈美 編著　本体2200円

⑨ 子どもの食と栄養　　　　　岡井紀代香/吉井美奈子 編著　本体2200円

⑩ 家庭支援論　　　　　　　　伊藤嘉余子/野口啓示 編著　本体2200円

⑪ 保育ソーシャルワーク　　　倉石哲也/鶴 宏史 編著　本体2200円

⑫ 里親ソーシャルワーク　　　伊藤嘉余子/福田公教 編著

(定価のないものは続刊)

──── ミネルヴァ書房 ────
http://www.minervashobo.co.jp/